散打运动竞技能力培养的
理论与实操

孙丽娜　夏　东　罗　鑫　著

吉林科学技术出版社

图书在版编目（CIP）数据

散打运动竞技能力培养的理论与实操 / 孙丽娜，夏东，罗鑫著. -- 长春：吉林科学技术出版社，2023.8
ISBN 978-7-5744-0803-6

Ⅰ. ①散… Ⅱ. ①孙… ②夏… ③罗… Ⅲ. ①散打(武术)—运动训练—研究 Ⅳ. ①G850.3

中国国家版本馆 CIP 数据核字(2023)第 168769 号

散打运动竞技能力培养的理论与实操

著　　　孙丽娜　夏　东　罗　鑫
出 版 人　宛　霞
责任编辑　孟祥北
封　　面　周　远
制　　版　陶　勇
开　　本　710mm×1000mm 1/16
字　　数　220 千字
印　　张　12
版　　次　2024 年 1 月第 1 版
印　　次　2024 年 1 月第 1 次印刷
出　　版　吉林科学技术出版社
发　　行　吉林科学技术出版社
地　　址　长春市福祉大路 5788 号出版大厦
邮　　编　130021
网　　址　www.jlstp.net
印　　刷　三河市悦鑫印务有限公司
书　　号　ISBN 978-7-5744-0803-6
定　　价　72.00 元

前　言

　　中华武术源远流长，内涵丰富，博大精深，它是我国人民在长期的劳动中创造和发展起来的，且有独特风格的运动项目，而散打则是中华武术徒手相搏的实用体现，是两人按照一定规则，运用武术中的踢、打、摔和相应的防守技法进行的徒手对抗的现代竞技体育项目。散打作为一项古老而充满激情的武术运动，吸引着越来越多的爱好者和从业者。随着人们对健康和身体素质的关注日益增加，散打作为一种全面锻炼身体和培养技能的运动方式备受青睐。然而，散打运动的发展离不开理论的探索和技能的培养。

　　鉴于此，本书以"散打运动竞技能力培养的理论与实操"为选题，首先，探讨散打运动的起源与发展、散打运动的特点与价值、散打运动的文化点滴，并对散打运动竞技能力训练的理论进行分析；其次，阐述散打运动竞技能力培养的实操，内容涵盖散打运动技能培养理论、散打运动的技术训练、战术训练、体能训练、智能训练；再次，从散打运动员的营养与恢复、散打运动员的疲劳与消除、散打运动员运动损伤的预防与治疗三个方面论述散打运动员训练的科学保障；最后，探索散打运动教学训练理论发展，内容包括散打运动教学新观念、散打运动训练新理念、散打运动技术标准化发展。

　　全书结构科学、体系完整，论述清晰，客观实用，理论与实践相结合，力求通过对散打运动竞技能力培养的理论与实操分析，从而提高散打运动员和爱好者的综合素养，具有非常实用的价值。

　　笔者在写作本书的过程中，得到了许多专家学者的帮助和指导，在此表示诚挚的谢意。由于笔者水平有限，加之时间仓促，书中所涉及的内容难免有疏漏之处，希望各位读者多提宝贵意见，以便笔者进一步修改，使之更加完善。

作　者

2023 年 7 月

目 录

第一章　散打运动概述

第一节　散打运动的起源与发展

"散打起源于中国，也叫散手，是中国武术一个主要的表现形式，以踢、打、摔为主要进攻手段，古时称之为相搏、手搏、技击等。"[①]下面重点探讨散打运动的起源与发展。

一、散打运动的起源

在远古时期，人类为了生存，除使用木棒、石头等简陋的武器与野兽搏斗外，还必须依靠自身的徒手技能与之进行肉搏战。随着搏斗经验的不断积累，人们也就逐渐获得了使用武器和徒手的搏击能力，这就是武术格斗的萌芽。随着私有制的产生，部落间的战争使人与人"相搏"的技能不断发展。西汉时期的储具圆雕《格斗》就生动地展现了徒手相搏的场景。

第一，春秋战国时期。春秋战国时期徒手搏斗技术，如"相搏""技击""拳勇"等已普遍开展。相搏攻防技术中，除拳打、脚踢外，摔法、拿法也有发展。例如，《公羊传》中记载的"万怒，搏闵公，绝其脏"中，"绝其脱"就是擒拿中的锁喉法。这一时期，搏斗战术也有了一定的发展。又如，《荀子·议兵篇》记载："若手臂之捍头目，而覆胸臆也，诈而袭之与先惊而后击之，一也。"从文中可以看出，相搏已采用了"惊上取下、佯攻巧打"的战术。

第二，秦汉时期。秦汉时期，徒手格斗被称为"手搏"。当时的手搏比赛已比较正规，比赛时由裁判人员主持，这一时期还有理论专著问世，如《手搏六篇》。

第三，隋唐五代时期。隋唐五代时期，手搏、角抵备受重视，比赛几乎形成制度，每年正月十五及七月十五中元节多有手搏、角抵比赛。《隋书》记载了当时比赛的热闹场景：大业六年，来自各地的高手云集在街，

---

① 缇娜. 济南散打的进阶之路[J]. 走向世界，2023（3）：38.

各献"天下奇技"。一比就是几天，甚至"终月而罢"，这一时期的比赛，没有护具及体重分级，除击打外主要靠摔倒对方取胜。

第四，两宋时期。两宋时期，手搏与角抵在民间更为流行。当时，民间每年都要举行"露台争交"的比赛，比赛还制定了相应的"规则"。比赛分三个回合；比赛中不准"揪住短儿""拽起胯儿"；可以拽直拳、使横拳、使脚剪；拳打、脚踢、绊摔都可以。我国较早记载角抵、手搏的武术专著《角力记》就是这一时期问世的。

第五，元朝。元朝统治者严禁民间持有兵器或习武，采用了一定的镇压手段，因而民间练武活动没有史料记载。但无数次的起义又推动了民间武术搏击的发展，这一时期的武艺主要以家传方式秘密传授。

第六，明朝。明朝是中国古代武术承上启下的重要发展时期，也是我国民间武术进入全面成熟的时期。武技在保留技击特点的基础上，逐渐产生了流派林立的套路技术。此时的手搏多称为"白打"或"搏击"，被列入当时的"十八般武艺"之中。当时民间的"打擂比武"之风很盛。赛前先设擂主，由擂主安排好高手应战。为避免纠纷，凡愿与其较量高低的人，临场立好"生死文书"，然后上"仙台"攻擂。比赛由"部署"主持，并规定比赛双方先败下台者为输方。

第七，清朝。清朝严禁民间练武。但伴随着农民运动的兴起及秘密结社组织的产生，出现了很多练武的"社""馆"。各馆兄弟经常通过比武较量来发展技艺。武技流派之多，流行技术风格各异，套路有几百种之多。

第八，民国初期。民国初期，习武开禁，拳技之风蓬勃一时。技击大师霍元甲在上海创立了"精武体育会"；中央武术馆也相继成立，并于1928年10月28日在南京举行了第一届"武术国考"。国考设有散打赛，不分级别，不戴护具，打法不限流派。比赛中，凡用手、脚、膝击中对方有效部位的一点，凡击中对方眼部、喉部等为犯规，采用三局两胜制。

1933年，中央武术馆在南京举办了第二届"武术国考"，设有男、女散打比赛，以"点到为止"决胜负。至此，"凡用手、肘、脚、膝击中对方有效部位的一点，凡击中对方眼部、喉部等部位为犯规，三局两胜""以'点到为止'决胜负"等这些规则的制订，标志着散打运动的雏形已基本确立。

二、散打运动的发展

散打是一种源于中国的传统武术形式，在非正式场合也被称为"中国拳击"或"中国功夫"。它以自由搏击为特点，使用各种技巧和技术，包括拳击、踢腿、擒拿、摔跤等，以实战为目的。在过去几十年里，散打运动在中国和世界范围内得到了迅速的发展和普及。

散打运动的发展可以追溯到 20 世纪 50 年代和 60 年代，在这个时期，中国开始注重将不同的武术形式整合在一起，以提高实战能力。散打作为其中的一种形式逐渐崭露头角，并开始在全国范围内进行推广和培训。

1979 年，中国成立了中国散打协会，正式确立了散打作为一项正规的竞技体育运动。随着时间的推移，散打在中国的普及程度逐渐提高，越来越多的散打俱乐部和培训机构成立，培养出了一批批优秀的散打选手和教练员。同时，散打也逐渐在国际上得到认可和推广。1989 年，国际散打联合会成立，散打成为其中的一个正式项目。随后，散打开始在世界范围内举办比赛和锦标赛，吸引了越来越多的参与者和观众。

近年来，随着中国的经济发展和国际影响力的提升，散打在全球范围内的普及和影响力也不断增强。许多国家都设立了散打协会或组织，举办各类散打比赛和培训活动。同时，越来越多的散打选手参加国际比赛，展示出了中国散打的实力和魅力。

除了竞技方面的发展，散打在健身和自我防卫领域也受到了广泛的关注。越来越多的人开始通过练习散打，来提高身体素质、锻炼身体和培养自信心。散打的训练方法和技巧，也被应用于各类健身课程和自我防护培训中。

总体而言，散打运动在过去几十年里取得了长足的发展，它从一种传统的武术形式逐渐发展成为一项全球性的竞技运动和健身方式，为人们提供了锻炼身体、培养意志力和享受运动乐趣的机会。未来，散打有望继续扩大其影响力，并在全球范围内得到更广泛的认可和发展。

第二节　散打运动的特点与价值

一、散打运动的主要特点

（一）散打运动的技术特点

当前，世界范围内的人体格斗类运动项目非常多，散打、拳击、摔跤、跆拳道、柔道、空手道、泰拳等都属于对抗性质的人体格斗类运动项目。虽然在表现形式和运动形式上有很多相似之处，但是各个运动项目之间，由于使用技法内容的差异性，各个项目的技术特点也不尽相同。散打运动通过与其他人体徒手格斗类项目进行比较，具有自身的技术特点。

1. 技法使用的灵活性

散打技法的使用灵活性非常高，选手可以根据不同的情况和对手的动作灵活应对，调整和运用各种技术。

（1）技术组合。技术组合是散打选手灵活运用散打技术的重要手段之一。通过将不同的技术有机地组合在一起，他们可以形成连贯的攻防序列，以迅速反应对手的动作并制造出攻击的机会。当散打选手面对对手的防守时，他们可以利用技术组合来打破对手的防线。例如，当对手采取拳击姿势时，散打选手可以快速切换到踢腿技术，以攻击对手的下半身或侧身，这种技术组合的转换速度很快，让对手来不及作出有效的反应。另外，散打选手还可以将拳击、踢腿和擒拿技术有机地结合在一起，形成更加复杂和多样化的攻击序列。他们可以通过一系列连贯的动作，将对手逼到被动地位，并创造出攻击的机会。例如，他们可以先以快速的拳击组合引起对手的注意，然后迅速转变为强力的踢腿技术，将对手击倒或击退。

技术组合的灵活运用不仅需要选手具备精湛的技术水平，还需要他们具备良好的动作协调性和反应能力。他们需要准确判断对手的动作和意图，并在瞬间作出相应的技术选择和转换。通过不断的训练和实战，散打选手可以不断提高他们的技术组合能力。他们可以在实际比赛中不断尝试和磨炼各种技术组合，以适应不同的战斗场景和对手风格。技术组合的灵活运用使得散打选手能够更加高效地攻击对手，并取得优势。

（2）调整攻击角度。调整攻击角度是散打选手的重要技术之一。他们可以根据对手的防守姿势和动作，以及战斗场景的实时变化，灵活地调整攻击的角度和方向，以增加攻击的效果并出其不意。当面对对手的防守姿势时，散打选手可以通过侧移身体、旋转身躯或迅速突进等动作，改变攻击的路径和角度。这样做可以打破对手的防守体系，使对手难以有效地应对。例如，当对手采取前方的防守姿势时，散打选手可以侧移身体并快速发起斜线攻击，以避开对手的防守，并击中对手的弱点。通过调整攻击角度，散打选手可以找到对手防守的漏洞或弱点，并加大攻击的威力。他们可以选择攻击对手的侧身、下身或斜线方向，以避免对手的直接防守。这种变化角度的攻击往往会给对手带来意外和困惑，使其难以及时作出有效的反应。

调整攻击角度的技巧需要散打选手具备良好的空间感知能力和身体协调性。他们需要在瞬间作出准确的判断，并迅速调整自己的身体动作和攻击路径，这需要经过长时间的训练和实战经验，才能够在实际比赛中灵活运用。通过灵活调整攻击角度，散打选手能够在比赛中产生出乎意料的攻击效果，并提高攻击的成功率。这种技术的运用使得散打选手具备了更多的战术选择，并能够在面对各种对手和战斗场景时更具优势。

（3）变化节奏和速度。变化节奏和速度是散打选手在比赛中常用的策略之一。他们可以随时调整攻击的节奏和速度，以迷惑对手、打乱其防守的节奏，并创造出意想不到的效果。在比赛中，散打选手可以突然加快攻击的速度，以快速打击对手，这种突然的速度增加可以让对手来不及作出有效的反应，给予对手较少的防守时间，从而增加攻击的成功率。这种快速的攻击可以给对手带来压力，并有效地打破其防守体系。另外，散打选手也可以减缓攻击的节奏和速度，以迷惑对手。通过放慢攻击的速度，散打选手可以引诱对手产生松懈或不耐烦的情绪，从而制造出对手防守的漏洞。在对手放松警惕时，散打选手可以突然加快速度，发动意外的攻击，使对手措手不及。

变化节奏和速度的运用需要散打选手具备准确的判断力和灵敏的反应能力。他们需要准确地判断对手的状态和反应，并在合适的时机作出相应的速度和节奏调整。通过变化节奏和速度，散打选手可以在比赛中制造出意想不到的效果，给对手带来困惑和不确定性。这种策略的灵活运用可以使散打选手在比赛中取得优势，并增加攻击的成功率。

（4）制造假象。制造假象是散打选手常用的战术之一。他们可以通过巧妙地运用虚招和实质攻击的转换，来迷惑对手，引导其产生错误的判断，从而为自己创造出攻击的机会。散打选手可以运用虚招来引诱对手作出反应。虚招是一种看似攻击性的动作，但实际上是为了引导对手的注意力和防守方向。例如，散打选手可以突然迅速伸出一只手进行远距离的拳击动作，吸引对手防守该方向。然而，这只是一个虚招，并不真正有攻击性。这样一来，对手会在短暂的时间内被迷惑，将注意力集中在这个虚招上，而忽略了实质攻击的到来。一旦对手被虚招迷惑，散打选手会迅速转变为实质攻击，利用对手的防守空隙进行有效的攻击。这种突然的转变让对手来不及调整防守，导致其处于被动状态，无法及时应对散打选手的真正攻击。通过这种欺骗性的战术，散打选手可以在对手没有准备好的情况下取得优势。

制造假象的关键在于散打选手的技术表现和身体控制能力。他们需要具备出色的动作控制和伪装能力，以使虚招看起来真实可信。同时，他们还需要有快速的反应能力，能够在对手作出反应时立即转变为实质攻击。通过制造假象，散打选手能够利用对手的判断错误和失去的防守机会来获取优势。这种战术的灵活运用可以让散打选手在比赛中更具攻击性和突破力，为自己争取更多的胜利机会。

（5）利用对手力量。散打选手在战斗中巧妙地利用对手的力量和动作是他们的一项重要技巧。他们可以通过观察和分析对手的力量和动作，以增强自身的攻击效果。这种策略可以借对手的力量来发动反击，或者利用对手的动作来制造出有利的攻击机会。

首先，散打选手可以借对手的力量来发动反击。当对手发动攻击时，散打选手可以灵活运用技术，将对手的力量转化为自己的反击力量。例如，当对手发出强力的拳击，散打选手可以巧妙地运用闪避和躲避技巧，同时利用对手的力量进行反击，增加攻击的威力。这种技巧可以有效地利用对手的力量来对抗，并给予对手以更大的压力。其次，散打选手可以利用对手的动作来制造有利的攻击机会。他们可以观察对手的动作模式和习惯，并在合适的时机发起攻击。例如，当对手展开一系列连续的攻击时，散打选手可以找到对手的漏洞或预测其动作，迅速发起反击。他们可以利用对手的动作来欺骗对手，使其陷入被动，同时创造出攻击的机会。这种利用对手力量和动作的技巧需要散打选手具备准确的观察力和快速反应能力。他们需要快速判断对手的力量和动作，并在合适的时机作出相应的反应。此外，他们还需要具备灵敏的身体协调性和反应能力，以使得利用对手的力量和动作变得更加流畅和有效。总而言之，通过巧妙地利用对手的力量和动作，散打选手能够在战斗中增强攻击的效果并获得更大的优势。这种策略的灵活运用使得散打选手能够更好地适应对手的战术和风格，并在战斗中取得更好的成绩。

综上所述，灵活性的运用使得散打选手能够在不同的战斗情况下灵活应对，根据实际情况调整自己的技术和策略。通过不断的训练和实战，选手可以提高他们的技术灵活性，并在比赛中取得更好的成绩。

2. 技法内容的综合性

散打是一项利用拳、腿、摔的技术动作战胜或制服对手的高强度对抗项目。在保证安全和裁判操作的前提下，最大限度地综合应用各种不同类别的技击方法，反映出了武术散打运动技法全面运用的技术特点。人体格斗的技击方法从摔法技术而言，依据运动力学"破坏重心"和"抡圆"（走圆的切线）的方法，从防守技术来看主要是依据"接触式"和"不接触"，以及防守有利于快速反击的原则，产生了运用身法和步法的多种不同防守动作。双方格斗时运动状态不同选择的对策也不同。人体格斗的目的是制服对方，过程是身体的运动，手段是技法运用，规律是相互制约，技术内涵是随着技法运用种类的多少来发挥作用。

各种不同种类的技法是根据人体格斗时姿势状态的不同变化和打击对方的不同需要而产生的。虽然，每一个单一种类的技法作为个体，针对人体不同的攻击目标和手段可以发挥不同的作用，但就散打发展来看，单一技法的局限性也越来越凸显出来。例如，随着散打技术水平的不断提高，单个技术运用的空间必然缩小，单凭一个动作取胜将不太可能。在散打对抗中，运动员组合技术攻防转换能力的高低成为决定胜负的关键因素，也更能发挥散打技术全面、立体进攻的特点。尤其对高水平运动员来讲，提高单个技术质量已变得相对困难，所以提高组合技术的攻防转换能力就成为提高整体水平的有效途径。

不同种类的技法作为整体，技法与技法之间也是相生相克、相互制约的。但是，单一种类技法的相生相克只能在单一种类的技法内衍生变化，不能体现人体格斗各种技法使用的全貌，人体格斗不同种类的技法只有存在允许全面运用的条件，才能体现出它们相互之间相互作用的整体性价值。

国外的人体格斗类运动项目，基本上都是以人体格斗的某一类技法为主要运动手段，在自身允许使用方法的范围内，根据运动规律和运动员姿势状态的变化，制定出与之相适应的竞赛规则，在竞赛规则的限定下进行竞技比赛。例如，拳击是以拳法为主要运动手段，跆拳道是以腿法为主要运动手段，摔跤是以摔法为主要运动手段等。从具有代表性的人体格斗类运动项目中可以看出，都是将完整系统的人体格斗技术分解开来，以单独技法为主要运动手段形成独立的运动项目，使完整的人体格斗技法独立地发展。

依据武术技击的继承性原理，武术散打不同种类的拳法、腿法、摔法都可以用，能够最大限度地发挥踢、打、摔法综合应用的功能，全面体现人体格斗不同技法运用的变化规律和运动规律。散打和其他人体格斗类运动项目相比较，最重要的技术特点就是能够在一个人体格斗类运动项目中，充分地反映出不同种类的技法综合运用。

散打技术对同类格斗对抗技术进行了大胆的吸收和借鉴，如中国式摔跤、国际式摔跤、柔道中的摔法、拳击中拳法、空手道、泰国拳中腿法等。从技术的表面层次看，散打技术表现成分中有跆拳道的腿法、柔道与中国跤的摔法（更侧重于中国跤的快摔）、拳击的三种基本拳法，从运动的形式看类似于自由搏击。散打运动在保证安全的前提下，除了对人体容易伤害的部位、容易伤害人体的技法、运动员比赛过程中使用而不利于裁判员记分的动作做了必要的限制外，任何武术技击方法都可以使用。散打从头到脚都能够被攻击，上至武术的腾空动作，下至前扫、后扫、地趟打法等，可以使用动作的空间范围非常广。如此一来，运动员进攻和防守的视野扩大了，提供了使用多种战术变化的条件。武术散打与其他人体格斗项目相比使用技法的完整性最强。

散打运动的技术含量最高，空间活动的范围最广，运动状态的变化最复杂。人体格斗呈现出的任何一种姿势状态不管是转身、侧身、前俯、后仰等，运动员都可以在任何方向、任何角度发出进攻、防守、反击、攻中带防、反击的不同动作。双方运动员的距离不管是远是近还是贴身，都可以针对性地使用拳、腿、摔的不同技法，通过运动员动作姿势的动态调节，使进攻动作达到不同距离的攻击目标。

3. **技术与体能的协同性**

散打运动的技术与体能的协同性其实质在于要在发展运动素质的同时提高运动员的技能水平和改进技术动作的要素，运动员在完成拳法、腿法和摔法的相应动作时，其运动技术的完善程度与速度、力量等运动素质的发展密切相关。比赛中，运动员在各种情况下所使用的攻防动作，必须要以速度、力量和耐力素质作保障。一般性身体体能的高质量发展，并不等于在专项比赛中完成技术动作时也表现出运动素质发展的高水平。在散打训练实践中，常有一些在典型的力量练习中达到很高指标的运动员，在技术训练或比赛中却不能表现出相应的力量水平。一些在周期性运动中表现较好耐力的运动员，在散打比赛中也没有呈现出很好的体力，这是由于运动素质、技术动作和机体机能之间没有建立起必要的相互联系的缘故所致。

在散打训练中，必须将不断增长的运动素质与提高机体机能水平和运动技术紧密地联系起来，使三者之间产生相互作用的协同效应，彼此互为促进。

（二）散打运动的文化特点

现代散打运动根植于博大精深的中国文化，自然而然地受到传统文化和传统武术环境的熏陶，滋生于传统武术的现代散打运动受中国传统文化的影响是全面的、深刻的。

1. 崇尚武德

散打运动崇尚武德的文化特点是其社会主义核心价值观之一。武德是指在格斗技术的实践中培养出的道德品质和精神境界。散打运动注重弘扬武德精神，使得选手不仅仅关注技术的应用，还注重培养自律、尊重、诚实和坚韧的品质。

（1）散打运动强调自律。在散打的训练中，选手需要严格遵守训练计划和纪律要求。他们要按时参加训练、遵守规章制度，并且在训练中保持高度的自律性。通过自律的训练，散打选手能够培养出坚强的意志力和自我管理能力，这种自律精神也延伸到他们的日常生活中。

（2）散打运动倡导尊重。在散打的比赛和训练中，选手之间以及与教练、裁判、观众之间都应表现出尊重和礼貌。尊重他人的意见和权威，尊重对手的努力和成就，是散打运动所倡导的社会主义核心价值观之一。这种尊重的态度不仅体现了运动员的修养和教养，也为建立良好的比赛和训练环境提供了基础。

（3）散打运动也鼓励选手保持诚实和正直的品质。在比赛中，选手需要诚实地遵守规则和道德准则，不使用非法手段或欺骗对手。此外，散打选手在与教练和队友的互动中也要坦诚和真实，以建立良好的信任关系。诚实和正直的品质不仅让散打选手赢得尊重，也为他们树立了榜样的形象。

（4）散打运动鼓励坚忍和毅力。散打选手经历了严格的训练和身体上的挑战，他们需要面对疼痛、疲劳和困难，但他们通过毅力和坚忍的精神克服困难。这种坚韧的品质不仅在比赛中起到关键作用，也对选手的人生和事业发展具有重要意义。

总而言之，散打运动崇尚武德的文化特点体现了选手在格斗技术的实践中追求道德品质和精神境界的价值观。自律、尊重、诚实和坚韧是散打选手所注重培养和践行的品质，这些品质不仅使他们成为优秀的运动员，也为社会提供了积极向上的榜样。

2. 比赛服饰

散打作为一项体育项目，从着装和礼仪上体现了其独特的民族文化特点。散打比赛中，运动员的着装规范、整齐且正式。他们穿着背心、短裤，并戴上红黑色的护具和红黑色的拳套，这是散打比赛的标准着装。散打比赛的着装规范具有以下方面的意义。

（1）传承民族文化。散打作为一项源自中国的传统武术，其着装规范体现了中国传统文化的特点和风格。红黑色的护具和拳套，代表着散打的特色和传统元素，具有浓厚的中国风格。通过着装的规范化，散打将自身的民族文化传承下去，并在比赛中展现出来。

（2）提升比赛形象。规范的着装能够提升散打比赛的整体形象和专业性。运动员穿着统一的背心、短裤和护具，拳套的颜色也一致，给人以规范、正式的感觉，这有助于树立散打比赛的专业形象，提升比赛的观赏性和可信度。

（3）保障比赛安全。散打比赛中的护具和拳套是保障运动员安全的重要装备。红黑色的护具和拳套能够清晰地区分运动员的攻击和防守部位，有助于裁判员进行评分和判罚。同时，护具和拳套的标准化也确保了运动员在比赛中的安全性和防护效果。

总而言之，散打协会通过规范化的着装要求，强调散打的专业性和民族文化特色，这种规范化不仅提升了比赛的形象和观赏性，也为散打运动员提供了一种身份认同感，并在国际展示了中国传统武术的风采。同时，散打着装规范也为比赛的组织和管理提供了便利，确保了比赛的安全和公正性。

3. 兼收并蓄

散打作为中华武术的精粹，是传统文化的重要组成部分。中国传统文化中的哲学、医学、美学、兵学、养生学、民俗学等众多领域对散打产生了深远的影响，并在散打中发挥着重要作用。

（1）中国传统文化中的哲学思想对散打的发展和理念产生了影响。例如，道家的"以柔克刚"和"无为而治"的思想，与散打中追求技巧、灵活性和内外兼修的理念相契合。同时，儒家的"仁义礼智信"的价值观也在散打的训练和比赛中得以体现，注重运动员的道德修养和行为规范。

（2）中国传统医学对散打的养生和健康保健起到了积极的影响。散打强调身心统一，注重锻炼身体的力量、柔韧性和耐力，以达到健康和养生的目的。传统医学中的经络学说和气功养生理论为散打提供了理论支持和指导，促进了运动员身体素质的提高和身心健康的维护。

（3）美学在散打的表演和赛事组织中发挥了重要作用。中国传统美学强调"和谐"和"美感"的追求，散打通过动作的精准、连贯和韵律感的展现，体现中国传统美学对于身体表现和动作艺术的追求。同时，散打比赛的舞台设计、服饰搭配和音乐选择等也充分考虑到美学的要素，为观众呈现出具有视觉和听觉享受的比赛场景。

（4）散打比赛中采用中国传统的擂台方式，沿袭了中国古代民间打擂的风俗习惯。这种传统方式不仅提供了竞技场地，更凸显了比赛的庄重和公正。同时，散打比赛中使用汉语作为裁判规则用语，体现了中国文化的独特性和传统的延续。

总而言之，散打作为中华武术的瑰宝之一，与中国传统文化紧密相连。传统文化的哲学思想、医学养生、美学观念以及民俗习惯等方面的影响，使散打具有深厚的文化底蕴，并且赋予了散打独特的价值和意义。通过继承和弘扬传统文化，散打不仅在技术和竞技上有所突破，同时也将中国传统文化的精粹传播给世界各地，促进了文化交流与理解。

二、散打运动的价值体现

（一）强身健体

身体健康是人生产劳动的基础。武术散打是一个拳打脚踢外加摔的人体格斗类运动项目，其特殊的运动形式和运动规律对人的智能、技能、体能、心能的综合素质提出了较高的要求。散打是一种全身上下、内外兼修的运动，通过科学的练习，可以增强人体各大系统组织功能，提高人体速度、力量、灵敏、耐力、柔韧等素质，提高人的观察、判断、思维、记忆、想象力，并延缓大脑机能的衰变，促进骨骼和肌肉的发育和生长，使骨骼变粗，骨密质增厚，提高抗弯、抗压、抗折的能力，使肌肉纤维增质增量，并改善主动肌、协同肌、对抗肌的支配力。"散打运动有氧代谢和无氧代谢大强度地频繁交替进行，能量消耗、新陈代谢加剧，能够改善呼吸系统、血液循环系统的生理机能。"①同时练习者还能获得健美的身材，给人以健康、强壮的美感。各种技法灵机应变地综合使用能够改善神经系统的兴奋性、灵活性，提高感知觉、反应时的能力，改善人的气质和性格。

（二）修身养性

散打运动能够教化和转化人的思想境界、伦理道德、个性特征、爱好情趣、意志品质、精神状态等。散打技法的训练与运用承载着思想教育的作用，思想指引着行动，行动转化为思想，二者之间互为依存、相互影响。散打是人体格斗对抗的运动项目，练功要克服身体疼痛，练实战要克服心理恐惧、软弱，面对强手要克服畏惧、放弃，通过学练散打，可以培养不畏强敌、力争上游的精神，培养出果敢自信、敢于直面失败与挫折、顽强拼搏、积极进取的优秀品质。武术散打以"抱拳礼"的思想教育为先导，历来注重武德的教育，要求最终达到尊师重情、兄弟友爱、守信立义、见义勇为、谦虚礼让、克己正身等高品位的人格境界。散打蕴藏着精深的技理和绝妙的技法，其中包含着各门学科的知识，如训练学、运动医学、力学、心理学、营养学等。通过学练散打，可领悟其中的含义，特别是能够亲身体验到中华民族优秀传统武术文化的精神，自身乃至整个一代人得以继承和弘扬的欣慰之感。

（三）防身自卫

通过武术散打运动的训练和比赛，掌握人体格斗技术，防止被他人伤害而起到作用。因散打具有的特质技击性，无论是攻击能力还是防御能力都是其他运动项目无法比拟的。武术散打本身就是一个以人体格斗为手段，以战胜对方为目的运动项目，教练员、运动员追求的是不断地改善技击方法的合理性，不断地提高使用技术的有效性，不断地增强身体素质的优越性，武术散打运动技击对抗的本质特征，决定了在一定的条件下具有防身自卫的功能。当自身合法权益及生命财产受到侵害时，或遇到见义勇为的社会需要时，能够大义凛然地站出来，运用散打进行防身自卫，有效地制止或制服对方，保护自己和他人不受伤或少受伤，尽显英雄本色。但是在进行防身自卫和见义勇为时，目的是制止或制服对方，不能给对方造成不必要的伤害。

---

① 陈猛醒. 散打运动理论新探与技能培养研究[M]. 北京：中国书籍出版社，2018：29.

（四）娱乐社交

散打运动具有很强的娱乐性，当自身投入到散打运动中，作出各类极具美感的招式，或在擂台战胜对手时，其内心会充满无限快意和兴奋感。身处当今社会，来自工作、生活、学习等方面的压力，很多人都处于亚健康状态，经常被忧愁、焦虑、悲伤等情绪所困扰。但是，练习散打可以调节人们的不良心态，增加自信心，树立良好的人生观。散打竞技比赛也极大地丰富了人民群众的生活，成为人们释放压力，宣泄情绪的一种途径。

散打源于中国，属于世界，通过以武会友和比赛交流，散打可以把不同文化背景、不同职业的人们联系在一起，促进人际交往，共同提高和发展散打运动，使更多的人了解中国散打，了解中国文化，以增进友谊，促进国际的文化交流。

第三节　散打运动的文化点滴

"散打是武术的重要组成部分与运动形式。从技术角度分析，散打运动与实用技击是基本一致的；但从体育的角度出发，散打运动受竞赛规则的限定，以不伤害对手为前提，它与实用技击又有本质的区别。"[①]散打是属于体育的范畴，是人们锻炼身体的一种形式，而实用技击则是以打败、损伤对手为目的的实用技术。因此，散打是两人按照一定的规则要求，运用武术各流派的踢、打、摔等技术进行对抗的一种徒手格斗运动。散打运动作为一项融合了中国传统武术和现代竞技的体育项目，具有丰富的文化内涵和独特的文化韵味。以下是散打运动的一些文化点滴。

一、历史传承

散打作为中华武术的一种，源远流长，承载着悠久的历史传承，承载着古代武术文化的智慧和技艺，传承了几千年来中国人的战斗智慧和勇气。

散打传承了中国人的战斗智慧和勇气。古代的战争时期，中国武术是士兵必备的技能，而散打作为其中的一种技法，是士兵们在战场上应对近身搏斗的基本技巧。另外，散打的发展与演变融入了中国传统武术的哲学

[①] 孙永武，丁兰英，徐诚堂. 散打[M]. 福州：福建科学技术出版社，2013：2.

和文化。散打融合了道家的思想，强调运用柔和的力量和技巧来战胜强大的对手。同时，儒家的价值观也体现在散打的训练和比赛中，注重运动员的道德修养和行为规范。

散打作为中华武术的重要组成部分，承载着中国传统文化的瑰宝。散打比赛不仅注重技术的实用性，还强调技术的艺术性和表演性。通过精准的动作、流畅的连贯性和韵律感的展现，散打呈现出一种独特的艺术美感，体现了中国传统美学的追求。在比赛中采用擂台方式进行对决，延续了中国古代民间的打擂传统和风俗习惯，凸显了散打作为民间传统体育项目的特色。

二、传统价值观

散打运动注重强身健体、修身养性的传统价值观。在散打的训练和比赛中，强调身心的统一发展，旨在培养运动员全面的素质和优秀的品格。

第一，散打强调强身健体。通过各种训练方法，如体能训练、力量训练、柔韧性训练等，提高运动员的身体素质和身体能力，这不仅有助于他们在比赛中发挥最佳状态，还有益于保持身体健康和预防运动损伤。

第二，散打注重修身养性。散打训练强调纪律性和自律性，培养运动员的意志力和毅力。训练过程中要求运动员严守规则，尊重教练和队友，形成良好的团队合作精神。同时，散打鼓励运动员保持良好的道德品质，弘扬传统美德，如诚实、正直、勇敢和谦虚等，培养他们成为有担当、有责任感的优秀人才。

第三，散打运动也注重礼仪和尊重。在比赛和训练中，运动员要遵守一定的礼仪规范，如行为端正、言语得体、尊重裁判和对手等。这种尊重的态度不仅体现了运动员的敬业精神，也体现了对对手和教练的尊重，以及对整个散打运动的尊重。

总体而言，散打运动不仅仅关注技术和战术的训练，更注重培养运动员的品格和修养。通过强身健体、修身养性的训练，散打运动为运动员提供了更全面的发展平台，使他们不仅在比赛中取得成绩，同时也在个人素质和品德上得到提升。这种传统价值观的注重，使散打运动具有更深远的意义，并为运动员的人生道路带来积极的影响。

三、文化符号

散打的服饰和道具确实是文化的象征，它们体现了中国传统文化中的吉祥色彩和象征意义。运动员穿着红黑色的护具和拳套，不仅是为了保护自身安全，也具有深刻的文化内涵。

红色在中国传统文化中象征着喜庆、吉祥和热情。红色被视为一种具有积极能量的色彩，代表着生命的活力和繁荣。在散打比赛中，运动员身穿红色护具和拳套，不仅给人以视觉上的冲击力，也传达出一种积极向上、奋发向前的精神状态。红色的运用在服饰中彰显了散打运动的热情和活力。

黑色在中国传统文化中象征着坚毅、稳重和庄重。黑色被视为一种稳定和沉稳的色彩，代表着力量和自信。在散打比赛中，运动员穿戴黑色护具和拳套，表达了他们对于战斗的准备和自信心。黑色的运用在服饰中体现了散打运动员的专注和坚毅。

同时，红黑色的搭配也与中国传统文化中的象征意义相呼应。红色代表吉祥和热情，黑色代表坚毅和稳重，二者的结合体现了中国文化中的平衡和谐观念。这种色彩搭配不仅给人以视觉上的美感，也展现了散打运动作为中国传统文化的一部分的特点。

除了服饰，散打运动中的道具也承载着文化的象征意义。例如，擂台是散打比赛中重要的道具之一。擂台作为比赛的场地，具有中国传统打擂的文化传统。它代表着散打比赛的正式性和庄重性，同时也承载着历史的文化记忆。

总体而言，散打运动中的服饰和道具不仅是为了实现比赛的需要，更是具有深厚的文化内涵。红黑色的服饰象征着吉祥、力量、坚毅和稳重，体现了中国传统文化的价值观和美学观念。这些文化象征使得散打运动不仅仅是一项竞技运动，更是传承和弘扬中华传统文化的载体。

四、艺术表演

散打运动在追求实战技能的同时，也将技术表演视为重要的一部分，它通过精准的动作、流畅的连贯性和韵律感的展现，呈现出一种独特的艺术美感，体现了中国传统美学的追求。

散打的动作要求准确、精细，运动员需要通过反复训练和精心调整，将每个动作执行到位。他们注重身体的协调性和流畅性，力求在展现技术的同时呈现出一种优雅的动作美感。运动员的动作连贯自然，配合舒展的身姿和极具韵律感的节奏，使得整个表演充满了美学上的享受。此外，散打运动注重动作的变化和创新，使得表演更具有观赏性。运动员可以在规定的技术框架内展示自己独特的风格和个人特点，通过巧妙的动作组合和变化，给观众带来惊喜和视觉上的享受。这种技术的艺术表演不仅展示了运动员的实力和技巧，更传递了一种美学上的审美情感。

散打运动所展现的艺术美感也体现了中国传统美学的追求。中国传统美学注重整体的和谐与平衡，追求自然、简约、淡雅的审美理念。在散打运动中，运动员的动作和姿势力求自然舒展，不刻意追求繁复和过度的修饰，通过简洁的形式表现出技术的精华和美感。这种注重自然和平衡的美学观念与中国传统文化的审美追求相呼应，使得散打运动在技术的同时也具有一种艺术的内涵。

总体而言，散打运动在追求实战技能的同时，注重技术的艺术表演。通过精准的动作、流畅的连贯性和韵律感的展现，散打呈现出一种独特的艺术美感，体现了中国传统美学的追求。这种技术与艺术的结合，使得散打运动不仅仅是一项竞技运动，更是一种展现人体之美和传递文化价值的艺术形式

五、民俗风情

散打比赛中的一些传统元素体现了中国古代民间的打擂传统和风俗习惯，为这一民间传统体育项目增添了独特的特色和文化内涵。

第一，散打比赛采用了擂台比赛的方式。擂台比赛作为中国古代传统的格斗形式，在散打比赛中得到了延续。运动员在擂台上面对面进行对抗，这种比赛方式不仅考验了运动员的技术实力和战斗能力，也增添了比赛的观赏性和紧张感。擂台比赛的方式承载了中国古代民间格斗的传统，使得散打比赛具有历史传承和文化内涵。

第二，散打比赛中的裁判员使用汉语的规则用语。在散打比赛中，裁判员使用汉语来进行规则解说和判决。这一传统元素体现了对中国古代文化和语言的尊重。通过使用汉语，裁判员可以更准确地表达比赛过程中的规则和判决，使得比赛的裁判过程更加清晰和透明。同时，使用汉语的规则用语也使得观众能够更好地理解比赛的进行和判决结果，增强了比赛的亲近感和身临其境的感觉。

上述传统元素的延续不仅体现了散打作为一项民间传统体育项目的特色，也彰显了中国古代文化的魅力和价值。散打作为中华武术的一种，承载了几千年来中国人的战斗智慧和勇气。通过延续擂台比赛和使用汉语的

规则用语，散打比赛将传统文化融入现代竞技中，使得比赛更具独特的文化魅力。这种传统元素的传承和延续，不仅为散打比赛增添了历史的厚重感，也让参与者和观众更加深入地感受到中国传统文化的魅力和底蕴。

六、国际交流

散打作为一项具有中国特色的武术项目，扮演着促进文化交流与理解的重要角色。通过国际交流和比赛，散打运动员在国际舞台上展示了中国武术的魅力，传播中华文化，促进了不同文化之间的友谊和互相认知。

散打作为中华武术的代表之一，具有独特的技术风格和哲学思想，吸引着来自世界各地的武术爱好者和观众。通过参加国际比赛和演示活动，散打运动员有机会展示他们的技艺和表演，在观众中树立起中国武术的形象和声誉。他们的精湛技巧、对身体的掌控和力量的展现都能够让观众感受到中国武术的独特魅力。同时，散打比赛和交流活动也为不同文化之间的互动提供了平台。在国际比赛中，来自不同国家和地区的散打运动员可以相互切磋、交流经验，通过比赛的互动，彼此之间建立起深厚的友谊。运动员之间的交流不仅促进了技术的提升和学习，也加强了不同文化之间的理解和认知。他们通过身体语言和共同的运动语言，在比赛中建立起一种特殊的沟通方式，深化了跨文化交流的意义。

散打运动员作为文化交流的使者，通过比赛和演示活动，向世界展示了中华文化的精髓和智慧。他们将中国传统武术的价值观、道德规范和审美追求融入比赛中，使观众能够更深入地了解和感受中华文化的内涵。这种文化的传播不仅促进了不同国家和地区之间的相互了解和友谊，也为跨文化的交流和对话搭建了桥梁。

总而言之，散打作为一项具有中国特色的武术项目，在国际交流和比赛中充当着文化交流与沟通的桥梁的角色。散打运动员通过展示中国武术的魅力和传播中华文化，促进了不同文化之间的友谊和互相认知。他们的努力和表现为世界带来了中华文化的独特魅力，推动了文化多样性和跨文化的交流与融合。

第二章　散打运动竞技能力训练的理论

第一节　散打运动训练的特点

一、兼顾负荷与恢复的特点

运动负荷刺激作用于运动员的机体，必然会引起一系列的变化，有机体承受的运动负荷只有与运动员的个人运动能力相适应，并得到合理的恢复，才能产生训练适应。正确认识负荷—疲劳—恢复的变化规律，有助于散打教练员科学地安排运动训练。

适宜的负荷刺激会产生最佳的训练效果，只有负荷刺激达到一定阈值（人体最大负荷能力的 30%~70%）才会出现训练适应过程。负荷量和负荷强度与运动员个人能力的最佳负荷值越接近，越容易出现训练适应过程。反之，负荷量和强度如果搭配不当，或超出了运动员的承受能力，则会削弱训练适应的效应。运动员的训练适应性下降，会导致运动成绩停滞不前，甚至出现过度训练的现象。要达到最佳的训练效果，应根据运动员的训练水平、不同阶段和训练量与强度之间的合理比例，选择负荷量与强度的最佳组合，促使训练适应过程正常的发展。当前的训练理论强调负荷的开始阶段就存在恢复问题，教练员在安排训练负荷时，必须同时兼顾安排恢复。

二、控制动态变化的特点

散打训练受到多种方面的影响，包括身体、技战术状态方面的因素，运动员情绪、人际关系和家庭因素，训练环境、场地和气候等环境因素，还有不可控的突发因素，如意外伤病等，这些因素的变化都会直接或间接影响训练效果，决定着散打训练总是处于动态变化之中。散打训练过程处于不断变化的过程中，对训练过程的变化就要施以控制，以保证训练朝着既定的方向运行。因此，必须高度重视训练信息的反馈，通过大量训练信息的科学诊断，了解散打运动员的训练效应和各种训练因素的变化，找出训练中存在的问题和薄弱环节，及时修正训练方案和计划，使训练过程与运动员的个人状态相适应，达到理想的训练效果。

三、负荷量与负荷强度平衡的特点

散打训练的负荷量包括练习动作的次数和组数、练习所用的时间、跑动的总距离和力量训练的总负荷等因素。一般而言，散打运动员对负荷量刺激的反应不强烈，因为负荷量对有机体的刺激比较缓和，产生的训练适应程度也相对较低，但机体所产生的适应却比较稳定，消退也慢。从多年训练过程和年度训练、阶段训练的调节来看，负荷量对维持和稳步提高散打训练水平起着至关重要的作用。

散打训练的负荷强度包括完成练习动作的质量、练习动作的难易程度、身体练习的用力程度、练习的密度等因素。有机体对负荷强度的刺激反应较强烈，就能较快地提高机体各个器官的适应能力，产生较深刻的训练适应性影响。但相对负荷量而言，有机体所产生的适应不太稳固，消退也较快。在散打训练中，负荷强度往往决定着运动员专项竞技能力水平所能达到的高度。

负荷量与负荷强度是矛盾的统一体，相互关系又相互制约。练习中负荷量与负荷强度并存，有一定的练习量必然有一定的练习强度，两者相辅相成，不断提高，使运动负荷逐渐增加，逐步增强运动员机体对训练的适应程度。现代训练比较重视负荷强度，大强度的训练可以达到时间短、收效快的效果。训练强度控制得当，专项竞技能力会提高很快，反之则会给运动员造成伤害或过度疲劳。合理选择训练的强度，寻求负荷量与强度的平衡，从而产生适应训练过程各阶段的综合训练效应，成为散打科学化训练的重要研究课题之一。

四、训练方法和手段的指向性特点

运动训练方法是指，"为达到提高专项竞技能力和专项运动成绩的目的而采用的途径和办法"。[①]训练手段则是指，为解决运动员在训练和比赛中存在的问题而采取的具有针对性的专门练习的措施。散打训练方法和手段的指向性表现在以下方面（图2-1）。

---

① 叶伟. 散打运动训练理论与实践[M]. 北京：人民体育出版社，2004：18.

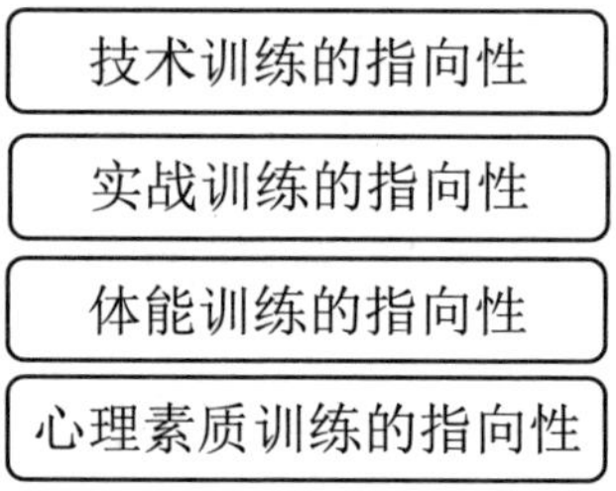

```
┌─────────────────────────┐
│    技术训练的指向性      │
└─────────────────────────┘
┌─────────────────────────┐
│    实战训练的指向性      │
└─────────────────────────┘
┌─────────────────────────┐
│    体能训练的指向性      │
└─────────────────────────┘
┌─────────────────────────┐
│   心理素质训练的指向性   │
└─────────────────────────┘
```

图 2-1 训练方法和手段的指向性特点

（一）技术训练的指向性

技术训练在散打运动中具有重要的指向性。散打训练注重技术的学习和练习，以提高运动员的格斗技能和应对能力。为了实现这一目标，散打训练采用了针对不同技术和技巧的特定方法和手段。

第一，对于拳击技术的训练，散打运动员会进行拳法训练和击打目标的靶训练。拳法训练包括基本拳法动作的学习和练习，如直拳、勾拳、上勾拳等。通过不断的练习，运动员能够熟练掌握各种拳法技术，并提高拳速和准确性。同时，击打目标的靶训练可以帮助运动员锻炼打击的力量和精确度，使其能够在实际格斗中有效地命中目标。

第二，对于踢腿技术的训练，散打运动员会进行踢击目标的练习。踢腿技术包括前踢、侧踢、高踢、低踢等多种动作。运动员需要通过反复练习，提高腿部力量和灵活性，并掌握正确的踢击技巧和出腿的时机。通过目标练习，运动员可以培养准确的踢击技术，提高踢击的速度和力度，从而在格斗中取得优势。

第三，对于摔跤技术的训练，散打运动员会进行投技和摔技的练习。摔跤技术包括扔、摔、控制等动作，运动员需要学习各种投技和摔技的技巧和应用。通过与训练伙伴的对抗，运动员能够在实践中不断提升投技和摔技的准确性和效果，培养出色的摔跤能力和对抗技巧。

上述技术训练的目的是让散打运动员掌握实用的打击和防御技巧，提高应对对手的能力。通过反复地学习和练习，运动员可以逐渐熟练掌握各种技术，形成自己的技术风格和战斗方式。技术训练的指向性使得运动员能够在实际格斗中灵活运用各种技术，应对不同的对手和战术，取得优势并取得胜利。总而言之，散打训练中的技术训练具有明确的指向性。通过专注于各种技术和技巧的学习和练习，散打运动员能够提高自身的格斗技能，掌握实用的打击和防御技巧，并在实际格斗中展现出出色的应对能力和竞技表现。

（二）实战训练的指向性

实战训练是散打训练中的另一个重要指向性。散打运动强调实战导向，通过模拟真实的格斗情境进行训练，以提高运动员在实际格斗中的能力和表现。

首先，实战训练通过对抗练习来模拟真实对手的攻击和防守动作。运动员在对抗练习中与训练伙伴进行实际的格斗对抗，互相试图击中对方或保护自己。这种对抗练习可以使运动员在真实情境下感受到压力和紧张感，并迫使他们在受到对手攻击时迅速作出反应和采取相应的防守动作。其次，实战训练旨在培养运动员在紧张情境下的应战能力。格斗是一项高度竞争和紧张的活动，运动员需要在快速变化的情况下做出正确的决策和行动。实战训练通过模拟真实的格斗场景和对手的攻击方式，让运动员在紧张的环境中锻炼应对能力，培养他们冷静、果断和灵活应对的心态。最后，实战训练的指向性在于提高运动员在实际格斗中的战斗力。通过反复的实战训练，运动员能够逐渐熟悉和掌握各种战术和技术的应用，培养出色的攻击和防守能力。他们会学会如何利用身体力量、技巧和战术策略与对手较量，并能够在实际格斗中运用这些技能来取得优势和胜利。

总而言之，实战训练的指向性使得散打运动员能够在真实的对抗情境中不断提升自己的战斗力和实际应对能力。他们通过模拟真实的格斗场景和对手的攻防动作，培养出战胜困难和应对挑战的勇气和决心。实战训练的经验和技能将为他们在实际格斗中发挥出最佳水平奠定坚实的基础。

（三）体能训练的指向性

散打训练注重强化运动员的体能素质，以提高他们在格斗中的表现和竞争力。体能训练的方法和手段会根据每个运动员的需要进行个性化调整，以达到最佳效果。

第一，力量训练是体能训练的重要组成部分。力量训练在散打训练中扮演着至关重要的角色，是体能训练的重要组成部分。散打运动员针对不同的肌肉群进行特定的力量训练练习，包括举重、器械训练和自重训练等，这些练习的目标是增强肌肉力量和爆发力。举重是一种常见的力量训练方式，运动员通过举起重量来锻炼特定的肌肉群。举重练习可以针对不同的肌肉进行训练，例如，杠铃深蹲可以加强大腿和臀部的力量，卧推可以增强胸肌和三头肌的力量。器械训练是利用专门设计的健身器械进行力量训练，这些器械能够更加精确地刺激目标肌肉，帮助运动员更有效地增强力量。此外，自重训练也是重要的力量训练方式，运动员利用自己的体重来进行各种练习，如俯卧撑、引体向上等，这样能够锻炼核心肌群和身体稳定性。

有针对性的力量训练对散打运动员的发展至关重要。通过增强肌肉力量和爆发力，运动员能够提高打击力量，使其拳脚更具威力。此外，力量训练还能增强运动员的抗压能力，使其在激烈的对抗中更加坚韧。一个有力的身体也有助于运动员更好地保护自己，减少受伤的风险。除了直接影响攻击力和防守能力外，力量训练还对散打运动员的整体体能水平有积极的影响。一个强壮的身体意味着更多的肌肉和更少的脂肪，这有助于提高运动员的爆发力和敏捷性。力量训练也可以促进骨骼的健康，预防骨折和其他骨骼损伤。

在散打训练中，力量训练与其他体能训练相互配合，共同提升运动员的整体竞技水平。力量训练的指向性在于增强运动员的打击力量、抗压能力和身体的稳定性，为格斗中的攻击和防守提供更强大的支持。通过坚持有计划地力量训练，散打运动员能够打造出更强壮、更具竞争力的身体，从而在比赛中取得更好的成绩。

第二，耐力训练也是体能训练的重要组成部分。散打运动员会进行间歇性训练和长时间的持久性训练，以提高他们的耐力水平。间歇性训练包括高强度的爆发运动和休息的交替进行，旨在提高运动员在短时间内的爆发力和恢复能力。长时间的持久性训练则注重培养运动员的心肺耐力，使其能够在持续的格斗中保持高强度的表现。

第三，敏捷性和灵活性训练也是体能训练的重要内容。散打运动员需要具备敏捷的身体反应和快速的动作执行能力。为了达到这个目标，他们会进行各种敏捷性训练，如跳跃训练、灵活性练习和速度训练等。这些训练可以提高运动员的身体协调性、反应速度和灵活性，使其能够在格斗中更加灵活地应对对手的攻击和变化。

体能训练的指向性在于提高运动员的身体素质，使其在格斗中更具优势。通过有针对性的力量训练，运动员可以增强打击力量和稳定性，为攻防提供更强大的支持。耐力训练的指向性使运动员在格斗中能够保持高强度的表现。敏捷性和灵活性训练的指向性则使运动员能够快速反应和灵活应对对手的攻击和变化，从而取得优势。

总而言之，体能训练在散打训练中具有明确的指向性。通过有针对性的力量、耐力、敏捷性和灵活性训练，散打运动员能够提高自身身体素质，为格斗中的技术和战术应用提供更强大的支持，从而在竞技中取得更好的成绩。

（四）心理素质训练的指向性

心理素质训练是散打训练中的关键指向性之一。散打训练注重培养运动员的心理素质，旨在提高他们的勇气、冷静和自信等关键心理品质。通过心理素质训练，运动员能够在格斗中保持冷静、果断和自信，更好地应对挑战。

第一，散打训练注重模拟对抗中的心理调整训练。在真实的格斗情境中，运动员面临各种挑战和压力。他们需要快速作出决策、调整心态，并保持冷静和自信。为了培养这种心理调整能力，散打训练中会模拟对抗情境，让运动员在紧张的环境下进行训练。他们会面对对手的攻击和应战，学会在压力下保持冷静，并作出明智的反应和决策。

第二，散打训练中进行压力训练。格斗是一项高度竞争和紧张的运动，运动员需要在极端压力下保持清醒和应对。为了应对这种压力，训练中会刻意增加运动员的心理压力，使其适应并克服各种困难和挑战。这种压力训练可以培养运动员的心理韧性和抗压能力，使他们能够在紧张的格斗中保持稳定和果断。

第三，心理辅导也是心理素质训练的重要组成部分。散打训练会提供心理辅导和支持，帮助运动员处理竞技中的心理问题和困扰。心理辅导可以帮助运动员树立正确的心态，增强自信心，并有效应对比赛中的紧张和压力。通过与心理专家的合作，运动员能够学习应对压力的技巧，建立积极的心理模式，并在竞技中更好地发挥自己的实力。

心理素质训练的指向性在于提高运动员在格斗中的心理素质，使他们能够保持冷静、果断和自信。通过模拟对抗中的心理调整训练，运动员能够逐渐适应竞技环境，培养应对挑战的勇气和决心。压力训练可以增强运动员的心理韧性和抗压能力，使他们能够在极端情况下保持稳定和应对。心理辅导则提供了必要的支持和指导，帮助运动员处理心理问题，建立积极的心态，并发挥出最佳水平。通过心理素质训练，散打运动员不仅在技术和体能上得到提升，还能够培养出色的心理素质，使他们成为更全面、更强大的运动员。他们能够在紧张的格斗环境中保持冷静和自信，做出明智的决策，并发挥出自己的潜力和实力。心理素质训练的指向性为散打运动员在竞技中取得成功和胜利提供了坚实的基础。

五、训练过程多变性和可控性特点

散打训练受多方面的影响，既有身体、技战术状态方面的训练因素，又有运动员的情绪、社会交往和家庭教育等因素，还有训练条件、场地和气候等环境因素。另外，还有一些非可控的偶发因素，如意外的伤病等，这些因素的变化都会直接或间接影响训练的进行，决定着散打训练总是处于不断的动态变化之中。

既然散打训练过程是多变的，对训练过程的变化施以有效的控制，就显得十分重要：①人们对散打训练规律的认识有相当的局限性，预先制定的计划与实际情况不符，需要通过有意识的控制予以调整和修正；②在实施预定计划的训练过程中，难免会出现偏差，必须经过反馈监督，纠正偏差，力求准确地执行训练方案；③运动员的竞技能力处在不断的动态变化之中，需要采取有效的措施和不断的再反馈来调控训练过程，使运动员的状况向预定的目标发展。

第二节 散打运动训练的原则

散打运动训练的基本原则，是根据散打运动训练活动的客观规律确定的组织训练所必须遵循的基本准则，对散打运动训练实践具有根本性的指导意义。散打运动训练的客观规律，是指"散打运动训练系统内部各构成因素之间，以及它们与系统外部各相关因素之间，在结构和功能上的本质联系和发展的必然趋势"，①这些本质和必然的联系在散打运动训练过程中不断地重复出现，在一定条件下影响或决定着散打运动训练的进程。

---

① 叶伟. 散打运动训练理论与实践[M]. 北京：人民体育出版社，2004：20.

散打运动训练是不以人们主观意志为转移的客观存在。散打运动训练规律中具有普遍意义的基本规律，又称为散打运动训练原理。散打运动训练活动的组织者和参与者都应该深刻理解和认识其运动训练规律，严格遵循散打训练规律去组织运动训练活动，才有可能取得良好的训练效果和优异的竞赛成绩。任何违背散打运动训练规律的认识和实践，都必然会受到散打运动训练规律的惩罚。指导散打运动训练实践的基本训练原则，主要包括以下方面（图 2-2）。

图 2-2　散打运动训练的原则

一、直观性原则

在运动训练过程中，教练员通过运用多种直观手段，激发运动员的视觉、听觉、触觉等多种感觉器官，使运动员大脑形象思维活跃，建立起技战术结构的直观认识，获取感性认识，从而提高专项运动知识、技术和战术。贯彻直观性原则的训练要点具体如下。

（一）进行正确的讲解与示范

进行正确的讲解与示范，就是使运动员通过听觉、视觉和触觉的直观感性认识，获得专项技战术正确要领的基本手段和方法。另外，还可通过技术图片、图表和幻灯、电影、录像等电化手段，进一步从不同的技术侧重点和技术细节观摩和学习。另外，不同的技术风格特点及战略战术在实践中的应用，仅凭教练员的讲解示范是不够的，还需要通过观摩和分析技术录像、电影才能获得正确的完整动作概念。

除此之外，教练员还可通过观摩练习、正误对比、参观比赛等方式分析技术，使运动员能够分辨动作的正确与错误、长处与短处，以帮助他们从不同角度不断完善正确的专项技战术概念。

（二）不同阶段运用不同手段

在开始学习动作和纠正错误动作时，运动员的听觉和视觉的直观作用比较明显。当运动员初步学会了动作，进行反复练习提高时，就要运用肌肉本体感觉的直观手段。当他们基本掌握动作，进一步巩固提高时，可较多地运用传递信息的手段，如学习前蹬腿动作，通过讲解示范，使运动员初步学会这个动作。当他们反复练习这个动作时，最容易出现"不送髋"的现象，此时可以让他们重点体会挺髋的肌肉本体感觉。当运动员已经基本掌握这个动作，需进一步提高动作劲力时，如再出现同样的错误，就可以运用口令、手势和各种传递信息的手段，引起运动员注意而加以改正。

（三）提高运动员的学习和训练兴趣

武术的基本功和散打的基本动作、基本战术的运动训练是长期和艰苦的，有时甚至是枯燥的。因此，为了圆满完成运动训练任务，教练员在训练内容、手段和方法上应采取生动活泼、形式多样的训练方式。只有如此，才能引起运动员的兴趣。例如，训练头部闪躲技术，既可由教练员（助手）戴手套冲击运动员头部，也可用排球等投击。用排球等投击时，距离可远可近，利用这种方法可克服散打运动员怕打的心理，比单纯地用拳击打头部更容易提高兴趣。对于需要多次重复的练习，如打、踢沙包，可以在运动员之间采取互相比赛的形式，计算在规定时间内的踢打次数，激起他们的斗志和训练情绪。

（四）调动运动员参与训练的主动性

对于高水平的散打运动员，要让他们参与运动训练计划的制订，使其明确地了解要达到训练目标需要付出努力，需要作出刻苦学习和运动训练的思想准备。还应使他们知道每周、每次课的内容和要求，启发他们如何与教练员协调配合共同完成学习和训练任务。对于少年散打运动员，更要注意启发式地讲解示范，培养他们勤于思考，并多鼓励、多采用比赛形式组织练习，使他们自始至终在生动活泼的气氛中完成训练计划。这对调动他们的学习和训练的积极性、主动性有着重要作用。

（五）训练适合运动员的特点和水平

对不同年龄和水平的散打运动员，采用直观手段的多少和深浅程度应有所不同。例如，对水平较高的运动员，可以采用局部技术示范，重点讲解，看电影、录像时多分析和比较。而对新手和少年运动员应该精讲多练，多示范，语言要浅显易懂，示范时要完整与分解相结合，还可通过图表、幻灯和录像等直观手段，使他们能够对动作有全面的理解和掌握。

二、 实战出发原则

　　散打运动本身就是竞赛双方搏击的对抗性项目，因此，在运动训练过程中，每一个基本动作都要从实战的需要去考虑，而且要在实战中经受检验，一切不符合实战要求的招数都应予以剔除。例如，双手在实战中的位置，一般应一只手放在胸部前方，另一只手放在颏下，但有些运动员在平时训练时还能保持这种姿态，面临实战，却顾及不到手的位置，进而松垂下来，这样很容易被对手抓空击打胸部，这时就应该总结训练或比赛等实战中被击中的原因，加强和提高实战防守姿势练习，建立切合实际和正确的动力定型。

　　从实战出发原则，是指依据提高散打运动员竞技能力及其运动成绩的需要，从实战出发，科学划分训练的阶段及安排训练的内容、方法、手段和负荷等因素的训练原则。遵循这一原则，可使训练更好地结合散打的特点和竞技比赛的需要，从而提高运动训练的专项针对性、实战性和实效性，争取获得教练员和运动员都满意的竞技比赛结果。

（一）实战出发原则的科学依据

1. 训练目标与任务的导向性

　　目标和任务是相伴而生的，目标达到了，任务也就完成了。目标是人们行为的终点，它为散打运动训练过程指明了方向。散打的一切训练活动都应该服务于既定的目标和任务，从而在比赛中实现预期的成绩。因此，所有散打运动训练的内容、方法和手段的选择，训练负荷的量和强度，以及节奏的安排都应该以成功完成比赛为中心，否则就会迷失训练的方向而遭受失败。

2. 符合专项化的发展趋势

　　随着现代运动竞赛的激烈性、对抗性和竞争性日益增强，迫使教练员和运动员将提高散打比赛能力和为提高这一能力的训练放在首要位置，散打运动训练的内容、方法、手段以及量和强度都表现出鲜明的专项化。早期基础阶段的训练也应以将来高水平实战的需要为导向，为高水平实战竞技阶段的训练和参加比赛奠定坚实的基础。因此，要将早期基础阶段的训练同优秀运动员的训练有机地衔接起来，从而适应现代散打运动训练和比赛的专项化、实战化日趋增强的需要。

（二）贯彻实战出发原则的训练要点

1. 安排训练和竞赛以基本目标为导向

散打运动训练的基本目标全面而集中地反映了实战的需要，是组织好运动训练的至关重要的依据。因此，在制定专项运动训练计划时，教练员应该对运动员的客观现实情况作出科学的分析和诊断，对运动员的训练条件进行全面合理的探讨和研究，对运动员的身体发育潜力和训练潜力作出客观的评价，从而进一步确定经过艰苦努力并有较大概率可能实现的训练目标，而后，据此科学地安排好运动训练和比赛工作，这样才有可能取得良好的比赛成绩。

2. 正确分析散打实战竞技能力的结构

散打项目具有特异性，这一特异性决定了其实战竞技能力结构同其他运动项目的差异性。只有对散打运动项目的特性作出科学的分析和判断，才可能选择适宜的训练内容、方法和手段。由于散打运动训练必须从实战出发，因此，准确分析运动员竞技能力中哪些因素在比赛中起着决定性作用十分必要。对散打实战竞技特异性和运动员实战竞技能力的结构因素进行科学的分析和判断，是教练员确定运动训练内容、方法、手段以及负荷的重要依据。

3. 依据原则确定负荷内容和训练手段

按照从实战出发原则的要求，散打运动员的竞技能力的主要构成因素和其自身的具体情况，决定了运动训练负荷内容和手段的选择。由于对抗性的技击内容是散打的基本特征，因此，比赛双方的运动员无固定的动作顺序，而是以对手的技击动作来随机转移，互相指向对方的薄弱环节而斗智较技，它不仅要求运动员必须熟练地掌握散打的基本技术和基本战术，具备良好的身体素质和身体形态，还要有敏捷的应变能力和稳定的心理状态，所以，教练员要根据这些条件来确定和安排运动员训练负荷的内容和手段。

三、适时恢复原则

散打运动训练适时恢复原则，是指适时消除运动员在运动训练中所产生的疲劳，并通过生物适应过程产生超量恢复，提高机体能力的训练原则。在散打运动训练过程中，由于训练负荷的刺激，运动员身体必然会产生疲劳，为了更好地训练，必须根据运动员的情况，采取适时恢复的各种手段为运动员消除疲劳。

（一）适时恢复原则的科学依据

第一，人体机能能力和能量储备的超量恢复原理。人体机能能力和能量储备由训练负荷后暂时下降和减少的状态回复到负荷前水平的过程，称为恢复。在散打运动员能量储备恢复过程中，补偿的能量物质在一段时间内超过原来水平，这种过程叫作超量恢复。如果超量恢复持续一段时间后又降回到原有水平，这就是一次运动训练负荷后恢复的整个过程。超量恢复的原理告诉我们，在一定的限度内，散打运动训练负荷越大，消耗越多，其恢复过程的时间跨度就越长，超量恢复也就越显著。由于散打运动训练能引起运动员机体产生超量恢复效应，从而使竞技能力的提高有了物质基础。

第二，科学地调整时机对训练效果的重要性。在散打运动训练中，科学地掌握调整恢复的时机，对运动训练效果将产生重要影响。在训练中，如果运动训练负荷对机体的刺激达不到适宜的强度就去调整恢复，那么训练就达不到效果。反之，如果运动训练负荷过度，也会给运动员带来生理和心理上的危害。所以，选择何时调整和恢复需要根据具体情况而定，以便使运动训练产生事半功倍的效果。

（二）贯彻适时恢复原则的训练要点

1. 准确判断运动员疲劳状况

（1）从运动员的外部表现进行观察判断。在散打运动训练的过程中，教练员如果观察到运动员出现动作无力、错误多、动作规格下降、反应迟钝等情况时，就可以初步判定运动员的疲劳已达到一定程度，这时教练员再询问运动员的身体感觉，就可进一步判断其疲劳的程度，切不可草率行事。

（2）指导运动员采用自我感觉法判断疲劳程度。在散打运动训练过程中，由于运动员的机体还没有从上次运动训练的负荷中完全恢复过来，教练员又一次采取超量负荷，为此，运动员的机体产生持续性的疲劳。此时运动员就会感觉四肢无力、肌肉僵硬、力不从心、胸部发闷等，虽然进行休息，但仍得不到缓解，这时运动员应主动请求教练员减少负荷，以避免产生深度的疲劳，对以后的训练和比赛产生不良的影响。

（3）采用生理、心理测试的方法判断疲劳程度。在散打运动训练过程中，还可以采用生理、心理测试的方法判断疲劳程度。一旦运动员发生疲劳，就表明他们的机能能力下降和心理状态不稳定。运用生理和心理指标评定疲劳的程度，能更准确地判断疲劳和恢复的情况。生理指标测定的具体方法通常有膝跳反射阈测定法、肌张力测定法、心电测定法、肌电测定法、体位血压反射测定法、脑电测定法等各种方法。心理指标测定的方法有 RPR 自我恢复感觉表、RPE 自我疲劳感觉表等方法。当然，最实用简便的方法是运用生理指标中的心率恢复值监测和判断疲劳程度。例如，从运动员心率的恢复值看，在 1 分钟后明显恢复，没有出现不恢复或者有升高的趋势，2 分钟后接近于安静值，说明这名运动员的心脏功能良好，能够较好地完成本阶段的运动训练任务。

2. 适时消除运动员疲劳状态

（1）运用营养学恢复手段消除运动员的疲劳。散打运动员在训练过程中，运动训练的负荷量和强度都较大，因此，能量物质的消耗也较大。为了使运动员的机体能及时消除疲劳并产生超量恢复，在运动训练后，应科学地补给各种营养素。在补给食物的数量和质量上要适宜地搭配，其中各种维生素和多种微量元素对运动员的恢复，以及消除疲劳将起到非常重要的作用。

（2）运用医学、生物学等恢复手段消除运动员的疲劳。在散打运动训练结束后，运动员的肌肉内存有大量的乳酸等各种代谢产物，与此同时，运动员的心理也有不同程度的疲劳。为了消除代谢产物和心理的疲劳，可采用一些理疗恢复手段，比如含氧浴、淡水浴、蒸气浴、按摩等手段和措施消除疲劳。为了消除心理疲劳可适当采用放松训练、自我暗示、气功等方法。

（3）运用训练学恢复手段消除运动员的疲劳。在散打运动训练过程中，可以采用一些积极休息的方式进行恢复和调整。采取的手段主要包括调节训练间歇的时间和方式、变换训练内容和环境、调整负荷的强度和量，以及采用一些轻松的练习方式等。通过这些手段可以消除由专项训练所产生的大量代谢产物和心理疲劳，使机体得到积极性的恢复。

四、区别对待原则

（一）区别对待原则的科学依据

第一，运动员个人特点的多样性。性别、日历年龄、生物年龄、训练年龄、心理和生理特点、身体状况、竞技水平等因素构成了运动员的个人特点，这些因素都对教练员组织和安排训练提出了各不相同的要求。此外，同一名运动员的训练状态在不同时刻、不同训练阶段、不同的训练环境也不完全相同，这同样给运动训练带来了区别对待的要求。

第二，散打运动训练特点的多因素性。不同的运动员，以及同一名运动员在不同运动训练状态下表现出的特点，包括决定竞技能力的各个因素、教练员的业务水平及其对训练的战术安排和战略部署、训练所处的阶段和具体要求，以及外界环境如气候、场地器材等多种因素，都处于动态的变化过程之中，这就要求教练员应及时根据训练对象的具体情况有区别地安排运动训练。

（二）贯彻区别对待原则训练要点

1. 根据运动员不同情况因材施教

教练员在训练过程中要因材施教，区别对待。只有这样，才能收到良好的效果。例如，少年运动员，要着重学习基本功、套路和基本动作、组合动作，通过教练员和对手的"喂""带"做一些较简单的攻防组合动作。对少年运动员，进行功力练习、大强度力量练习和实战练习要适度，因为他们还处在生长发育期，若不注意，会给其带来伤害，并影响正常发育。对一些适合运动训练的青壮年运动员，从目前看，可分为两种基本情况：首先是身体素质好、爆发力强、速度快、勇敢顽强、喜爱散打运动，但缺乏系统的武术基本功和套路以及散打基本技术和技能的运动员训练。对于这类运动员，教练员要加强武术基本功、套路及散打的拳腿功、摔法等基本技术和技能的训练，同时提高专项身体素质。其次是那些从事多年武术套路训练，而无散打实战经验的运动员。他们的身体协调性较好，而抗击打能力、拳脚的功力、实战经验比较差，因此，要克服弱点，着重提高应变和实战竞技能力。

2. 运动训练计划的制定需要全面

教练员所制订的运动训练计划，既要有对不同运动员的个性要求，又要有对全体队员的整体要求。除此，还要对重点运动员制定专门的训练计划。只有这样，运动训练计划中规定的任务，所要达到的指标、内容、方法和措施，才能更切合实际。因此，在训练课上既要以全队集体训练为主，也要经常安排一些针对性较强的个人训练内容，这主要是由于每名运动员的个人技术、身体素质等因素各有不同。例如，有的运动员腿法较差而拳法较灵活，有的柔韧性较差但力量较强。这就要求教练员在散打运动训练或比赛中，要根据这些情况采取有针对性的措施和方法，以提高专项训练效果和比赛成绩。

五、有效控制原则

散打运动训练有效控制原则是指对运动训练过程实施有效控制的训练原则。在训练过程中，为了保证运动训练能够依照训练计划所设计的方案正常运作，并确保训练目标的实现，教练员必须准确地掌握和控制运动训练的各种因素。例如，负荷的量和强度，训练的内容、手段和方法等，并根据生理生化指标的监测手段与方法，适时地进行调整。在散打运动训练全过程中，也可运用控制论、信息论、系统论等系统科学的基本理论和方法，建立新型模式的运动训练体系，从而有效地对运动训练进行监控，进一步提高训练的效果。

（一）有效控制原则的科学依据

1. 现代控制论是实施有效训练的理论基础

在科学技术日新月异发展的今天，各运动项目的教练员都深刻地认识到，要想取得运动训练的成功，必须对训练对象（运动员）在训练过程中的变化施加合理而有效的监控，才能确保运动训练朝着既定的方向前进。因此，散打运动训练的教练员和科研人员，要以科学工作者为我们建立的重要方法论为基础，如系统论、控制论、信息论等对训练过程实施有效控制。此外，教练员还可运用统计学、模糊数学、运筹学和网络技术等学科，对训练过程中采集的各方面数据进行统计和分析，对运动员进行监控，从而保证并提高运动训练的效果。完整的散打运动训练控制体系应具备以下基本环节。

（1）施控主体（教练员等）和被控对象（运动员等）。

（2）控制信息（讲解、示范等）和前向信息控制通路。

（3）反馈装置、反馈信息（训练效果等）和反馈信息控制通路。

教练员要根据上述几个基本环节，采取相应对策，科学地调整训练计划。另外，运动员在练习中也要根据自己的情况，调整技术动作，更改训练方法，建立自我反馈。运动员只有采用"步步反馈"，最后才能实现训练的最终目标。

2．训练多变性是实施有效控制的客观要求

散打运动训练受多种因素影响，与此同时，各种因素又千变万化。在运动训练过程中，教练员起主导作用，运动员是主体，运动训练效果首先反映在运动员的竞技能力和比赛成绩上，这种竞技能力水平受各种因素的影响，例如，训练因素、运动员的情绪和社会交往、训练条件、场地及气候、个人的生物节律、意外的伤害、比赛中非可控因素导致竞技比赛结果的改变等。教练员要根据这些情况实施有效的监控，才可以保证运动员竞技水平的稳定，并且在比赛中充分发挥已获得的竞技能力。教练员只有对不断变化的训练过程实施有效的监控，才有可能实现所制定的训练计划和目标。

3．训练信息是实施有效训练控制的主要依据

散打运动训练信息反映运动训练系统本身的各种特征和状态。散打运动训练信息的运用主要表现在以下方面。

（1）对运动员的训练过程与状态的诊断。

（2）了解和掌握运动训练过程的进展状况。

（3）测定选材对象的有关信息，为科学选材提供依据。

（4）利用赛前和赛中所获取的相关信息，有效地组织赛前和赛中的战术调整。

（5）运用有关运动训练信息改进工作，不断地创新技术、战术以及训练的手段和方法。

（6）运用各种信息对训练过程进行多学科综合调控等。

（二）贯彻有效控制原则的训练要点

1. 科学制定散打运动训练的计划

对散打运动训练过程实施有效控制的重要前提是科学地制定运动训练计划。只有科学地制定运动训练计划，才有可能实施有效的控制，并围绕预先确立的各种指标进行训练。所以，制定科学的训练计划是确保对训练过程进行有效控制的前提和基础。

2. 高度重视训练信息采集和运用

教练员、科研人员、管理人员等要在不断的动态变化中对运动训练过程实施有效的监控。可以通过生理学、心理学、生物力学、生物化学，以及运动训练学的各种诊断方式，采集大量的运动训练信息，从而了解运动员的竞技状态、训练效应等，并根据这些信息及时作出决策，调整训练内容、方法和手段，使训练过程同运动员本身的实际情况相协调，以确保取得良好运动训练的效果。

3. 及时对散打训练计划进行修正

在运动训练之前，教练员虽已制定好各周期的运动训练计划，但在实际运动训练过程中，教练员通过各种手段对训练中的相关因素（运动员的生理指标、生化指标等）进行监控，获取了大量的运动训练信息，并经过系统的整理和科学的分析，得出一些重要的结论。教练员应该将所得出的结论同原来的训练计划结合起来进行科学的分析，从而有根据地对原训练计划进行科学的修改和整理。

4. 通过生理生化指标科学地监控

运用运动员比赛时的心率值、血乳酸值监测大强度训练负荷，能较好地控制训练过程。血色素能准确监测运动员在运动训练过程中的运动量和机能水平。一般而言，比赛心率与训练心率之间、比赛血乳酸值与训练血乳酸值之间并无显著性差异，这说明大强度训练课的强度已达到了比赛强度，训练实践中用比赛强度监测运动训练强度是可行的。

总而言之，在散打运动训练的实践中，教练员应该综合地运用上述基本原则，切不可顾此失彼，唯有如此，才有可能有效地改进和提高运动训练的过程，从而确保运动训练的进程向既定的目标靠近。

第三节 散打运动训练的方法

一、散打运动的重复训练法

重复训练法是指在不改变动作结构和运动负荷水平相对恒定的情况下，按照既定的要求，反复地进行练习，每次（组）练习之间安排较为充裕的休息时间的训练方法。重复训练法的主要构成因素有单次（组）练习的负荷量、负荷强度，以及每两次（组）练习之间的休息时间。休息方式有积极和消极两种，通常以积极休息方式为主，如肌肉按摩和慢走等。

重复训练法是散打运动训练中最常用的训练方法之一，这种方法通过同一动作或同组动作的多次重复，经过不断强化运动条件反射的过程，使运动员掌握和巩固技术动作，并通过相对稳定的负荷强度的多次刺激，使机体尽快产生较高的适应性机制，发展和提高运动员的身体素质。因此，在散打运动训练的实践中，重复训练法通常用来提高和巩固技战术能力，也常用来发展运动员的速度、力量和耐力等身体素质。

（一）重复训练法的主要类型

依据单次（组）练习时间的长短，重复训练法在散打训练中有短时间重复训练法、中时间重复训练法和长时间重复训练法三种形式（表 2-1）。

表 2-1 重复训练法主要类型

类型 要素	短时间重复训练法	中时间重复训练法	长时间重复训练法
负荷时间	30 秒以内	30 秒至 2 分 30 秒	2 分 30 秒至 6 分钟
负荷强度	极限	次极限	较大
间歇时间	充分	充分	充分
间歇方式	慢走、肌肉按摩	慢走、慢跑、按摩	坐、慢走、按摩
供能形式	磷酸盐代谢系统为主的供能	糖酵解为主的混合代谢供能	无氧与有氧混合代谢的供能

（二）重复训练法的具体应用

1. 短时间重复训练方法的应用

短时间重复训练法在散打训练中的运用，主要是为了发展运动员在磷酸原系统供能条件下的爆发力强、速度快的运动技术和素质，如强化突出动作速度和爆发力的单招拳法、腿法、摔法练习和组合拳法、腿法、摔法的技术练习等，这种方法可有效地提高负荷强度很大的单个技术动作，或组合技术动作运用的熟练性、规范性和技巧性，提高运动员的磷酸盐系统的储能和供能能力，以及提高运动员有关肌肉群的收缩速度和爆发力。

短时间重复训练法在散打训练中应用的特点是一次练习的负荷时间短，一般在 20~30 秒以内，负荷强度通常为极限强度，要求以最大速度完成练习，每次（组）练习之间安排较充裕的休息时间，单一动作或组合动作的各个环节前后稳定。重复练习的数量（次数和组数）相对较少，不过也因人而异，但原则上每次（组）的负荷强度应相对稳定，若出现负荷强度下降的现象，则应停止练习或转换练习。间歇过程多采用慢走或肌肉按摩放松的方式，以便能尽快促使机体恢复机能。

在散打运动训练的实践中，通常用这种方法发展以速度和速度力量为主的技术动作和身体素质，如 20 秒左右的往返跑抱人、10~20 秒的连续组合击打沙袋、15 秒左右的快速击打手靶和脚靶，以及短距离冲刺跑等。训练中常将单招动作运用的熟练性，以及组合动作的快捷协调性与速度和爆发力结合起来进行训练，使两者协同提高。

2．中时间重复训练方法的应用

中时间重复训练法在散打训练中的运用，主要是为了发展运动员在糖酵解供能条件下的运动技术、战术和身体素质，其重点是发展运动员在反复完成技术、战术活动中的速度耐力和力量耐力，最大限度地提高运动员机体的抗乳酸能力。运用中时间重复训练法可有效地提高运动员糖酵解供能系统的储能能力和供能能力，它主要反映在运动员的速度耐力和力量耐力上。运用这种方法还可有效地提高各种组合技术的熟练性和规范性，以及较长时间运动的稳定性等。

中时间重复训练法在散打训练中应用的特点，是一次练习的负荷时间相对较长，通常为 30 秒至 2 分 30 秒左右，负荷强度较大，心率通常在 180 次/分以上。但是，也要根据负荷时间的长短有所调整，负荷时间长，强度就应该适当减小。拳、腿、摔等单一技术动作的各个环节，或组合技术动作的基本结构应前后稳定；能量代谢主要由糖酵解供能系统完成；间歇时间应当充分；间歇方式多采用慢跑深呼吸或按摩放松的方式进行，以便尽快清除体内乳酸。

在散打运动训练的实践中，通常用这种方法发展以速度耐力和力量耐力为主的技术动作和身体素质。例如，持续 2 分钟的组合动作击打沙包；持续 2 分钟的摔布人练习；持续 1 分钟的拳、腿、摔组合技术的空击练习，以及 400 米、800 米计时跑等。在训练时，应注意将组合动作的衔接与速度耐力和力量和耐力紧密结合进行训练。

3．长时间重复训练方法的应用

长时间重复训练法在散打训练中的运用，主要是为了发展运动员在无氧糖酵解和有氧氧化混合供能条件下的运动技术、战术和身体素质，其重点是提高运动员在反复完成高强度的技战术过程中的抗疲劳能力。这种方法运用得当，可有效提高运动员的无氧、有氧混合供能的能力和两种供能状态下的速度耐力和力量耐力，以及各种技术的熟练性和耐久性，还有利于培养运动员吃苦耐劳、顽强拼搏的意志品质。在实践中，通常将其与间歇训练法、持续训练法和变换训练法等有机地结合，以更好地提高训练效果。

长时间重复训练法在散打训练中应用的特点是一次练习过程的时间更长，通常在 2 分 30 秒至 6 分钟之间；技术动作的练习种类、战术攻防转换的次数较多，训练的实战环境气氛较浓；组织练习有一定难度；负荷强度和负荷时间的安排搭配适当，以保证总的负荷量不致过大；无氧和有氧混合供能的性质明显。两次（组）练习之间的间歇时间应充裕，以保证无氧和有氧混合供能的特征。

在散打运动训练的实践中，应尽量使练习强度、练习性质和练习时间的变化与比赛特征的变化相类似。练习的强度应视不同技术动作组合的性质有所变化，如模拟比赛的技术结构特征进行持续 4～6 分钟的练习，以及 1～2 分钟的连续步法练习后紧接着进行 3～4 分钟的揉摔对抗练习等。

（三）重复训练法的注意事项

第一，在运用重复训练法时，练习强度及次（组）数要根据训练课的具体任务和运动员的实际情况预先确定，强度和时间的关系呈负相关性。

第二，每次（组）练习之间的休息时间要充裕，待机体基本恢复时再进行下一次练习。休息时间通常为练习时间的 2~3 倍，若以心率衡量，需要达到 110 次/分以下。

第三，重复训练法主要用来提高和巩固技术动作，发展速度、力量素质，以及专项耐力等。若用于身体素质训练，总体而言，要以最大的强度和最多的重复次数进行训练。若用于技术训练，练习时应严格要求动作的技术规格，重复训练的强度和数量也应较高，直至运动员出现技术变形时为止。

第四，对于青少年运动员，由于重复训练法较为单调乏味，可结合游戏和比赛进行，以提高趣味性。

二、散打运动的持续训练法

持续训练法是指在相对较长的时间内，不间断地进行负荷强度较低的练习的训练方法。持续训练法的负荷强度通常在运动员所能承受的最大负荷强度的 60%上下，对机体刺激产生的影响比较缓和。运用这种方法虽然训练效果出现较慢，但比较稳定。持续训练法用于散打运动训练的实践，主要是发展运动员的心肺功能和有氧耐力素质，并有助于完善负荷强度不高但过程细腻的技术动作。正确地运用此方法，可提高大脑皮质神经过程的均衡性和稳定性，提高循环系统和呼吸系统的机能，明显地提高最大摄氧量，并可使慢肌纤维出现选择性肥大，肌红蛋白明显增加。

（一）持续训练法的主要类型

持续训练法根据持续练习时间的长短，可分为短时间持续训练法、中时间持续训练法和长时间持续训练法三种基本类型（表 2-2）。

表 2-2　持续训练法主要类型

类型 要素	短时间持续法	中时间持续法	长时间持续法
心率强度	约 170 次/分	约 160 次/分	130~160 次/分
负荷时间	5~10 分钟	10~25 分钟	25 分钟以上
间歇时间	没有	没有	没有
有氧强度	最大	最大	次大
供能形式	无氧与有氧代谢系统混合供能	有氧代谢系统为主的供能	有氧代谢供能

（二）持续训练法的具体应用

1. 短时间持续训练方法的应用

短时间持续训练法在散打训练中的运用，主要是为了发展运动员以有氧氧化供能为主的无氧、有氧混合供能条件下的技战术和身体素质，其重点是提高运动员在反复完成中高强度负荷下技术的熟练性、稳定性和细腻性，战术训练过程中的深刻理解能力，以及机体的抗疲劳能力，这种方法运用得当，可有效提高运动员的无氧、有氧混合供能的能力和此供能状态下的专项耐力，提高激烈对抗的持久性、攻防技术运用的转换性、负荷强度变换的节奏性、各种攻防技术运用的衔接性和疲劳状态下的稳定性等。实践中，通常将其与间歇训练法、重复训练法和变换训练法等有机结合使用，可以更好地提高训练效果。

短时间持续训练法在散打训练中应用的特点，是一次持续练习的时间相对较短，通常持续 5~10 分钟，负荷强度一般使心率维持在 170 次/分左右，练习动作既可以是固定组合也可以是变异组合，练习过程不中断。

短时间持续训练法与长时间重复训练法在散打训练中并无质的区别，只是一次练习的时间更长，有氧供能所占的比例更大。因此，训练中也应尽量使练习强度、练习性质和练习时间的变化与散打比赛特征的变化相类似，练习的强度可适当降低。这种方法更适宜散打比赛战术的演练和各种技术在实战中运用的能力，如持续 5~10 分钟的变异组合击打移动靶练习或攻防转换练习，多种高难动作在实战中捕捉时机的运用等，也可以采用1500 米跑等练习专门发展运动员的混合供能能力。

2．中时间持续训练方法的应用

中时间持续训练法在散打训练中的运用，主要是为了发展运动员以有氧氧化供能为主要条件下的技战术和身体素质，其重点是提高运动员在反复完成中等强度负荷下技术精细的专门化知觉能力及其稳定性、多种战术的串联演练，以及连续作战的抗疲劳能力。

中时间持续训练法的应用特点，是平均负荷强度不大，心率通常控制在 160 次/分左右，持续时间一般在 10~25 分钟。在散打训练的实践中，运用中时间持续训练法并不太多，通常将其作为一种辅助的训练方法，这主要是由散打运动本身的激烈对抗程度的特点所决定的。但在基本训练阶段，用于改进技术、培养技术动作精细的专门化知觉，以及在战术的串联演练中还是比较常见。也多用这种方法发展一般耐力素质，如 3000 米跑、12 分钟跑、10~20 分钟的变速跑等。

3．长时间持续训练方法的应用

长时间持续训练法在散打训练中的运用，主要是为了发展运动员的有氧氧化供能能力。这种方法在散打训练实践中主要是作为一种辅助的训练方法，用来提高运动员的一般耐力水平。如果过多地运用此方法，不仅无助于本项目专项成绩的提高，还有可能引起机能的不良迁移或妨碍主要专项素质的发展。

长时间持续训练法的运用特点是负荷强度较低，心率通常控制在 130~160 次/分，持续时间在 25 或 30 分钟以上，训练过程中的强度节奏可以适当变化，运动过程不中断。在散打训练的实践中，如在调整训练负荷时期所采用的越野跑、赛前降体重时的慢跑等，采用的就是这种方法。

（三）持续训练法的注意事项

第一，耐力是其他素质的基础，但通过持续性训练所获得的身体机能的变化并不是一劳永逸的，所以持续训练法要在训练周期中贯彻始终，基础训练阶段和训练的准备期所占的比例要稍大，而基本期可适当减少。

第二，在进行持续训练的过程中，要学会使肌肉放松的方法，这对散打运动员十分重要。因为在散打比赛的过程中，运动员如能抓住每个回合和裁判叫停的空隙进行有效的放松，对于体力的恢复，并最终取得胜利至关重要。

三、散打运动的间歇训练法

"运动员在散打训练的过程中应该掌握特殊的技巧，间歇性训练法在散打训练的过程中起着十分重要的作用。"[①]间歇训练法是在持续训练法之后，并首先运用于长跑训练的一种方法，它是在一次（组）练习之后，按照严格的间歇时间（通常采用积极性休息的方式）进行休息，并在运动员机体尚未完全恢复的情况下进行下一次（组）练习的方法，这种方法目前广泛应用于包括散打在内的众多运动项目的训练中。间歇训练法与重复训练法最大的区别是间歇时间的要求不同，间歇训练法要求运动员机体在两次（组）练习之间的休息不充分，而重复训练法要求两次（组）练习之间的休息较为充分。

间歇训练法由每次（组）练习的负荷强度、每次（组）练习的负荷量、练习的重复次（组）数、每次（组）练习之间的间歇时间，以及间歇时的

[①] 刘松. 间歇训练法在散打训练中的应用探析[J]. 武术研究，2017，2（9）：29.

休息方式等因素构成。有效地运用间歇训练法，不但可以完成更大的工作量，明显提高最大摄氧量和肌肉中琥珀酸脱氢酶的含量和活性，而且能够使间歇期内运动器官得到休息的同时，心血管和呼吸系统仍然保持较高水平，从而极大地提高运动员的心肺机能。因此，间歇训练法是提高运动员速度耐力和专项耐力的一种较好的方法。

（一）间歇训练法的主要类型

间歇训练法在散打训练中应用时有三种基本形式，即高强性间歇训练法、强化性间歇训练法和发展性间歇训练法（表2-3）。

表2-3　间歇训练法的主要类型

类型 要素	高强性间歇法	强化性间歇法	发展性间歇法
心率强度	约190次/分	170~180次/分	约160次/分
负荷时间	1分钟以内	1~4分钟	4分钟以上
间歇性质	很不充分	不充分	不充分
间歇方式	慢走、放松慢跑	慢走、放松慢跑	坐、慢走、慢跑
恢复心率	130次/分左右	130次/分左右	120次/分左右
供能形式	糖酵解为主的混合无氧供能	糖酵解为主的无氧与有氧混合供能	有氧代谢为主的无氧和有氧混合供能

（二）间歇训练法的具体应用

1. 高强度间歇训练方法的应用

高强度间歇训练法，是发展以糖酵解供能系统和磷酸盐与糖酵解混合供能系统供能能力的一种重要的训练方法。散打训练中正确合理地运用这种方法，可有效地强化拳法、腿法、摔法技术及其组合技术动作的突击性攻击效果，提高出拳、出腿、施摔及其连续进攻动作的速度、速度力量、速度耐力和力量耐力，以及在糖酵解供能状态下技战术运用的规范性、稳定性和熟练性等。

高强度间歇训练法在散打训练中应用的特点，是一次（组）练习的时间较短，通常在1分钟之内；负荷强度极大，心率在190次/分左右；间歇时间极不充裕，以心率降至130次/分左右为开始下一次练习的确定依据；练习内容多为速度快、爆发力强和技术动作结构基本稳定的拳、腿、摔等单个技术动作或组合技术动作，以及负荷强度极高、持续时间较短、对抗程度激烈的攻防技战术训练。例如，数组连续30秒的组合击靶练习，每组之间采用放松性的步法练习进行休息，休息时间依据不同情况可为 10~30 秒。又如，依据散打比赛中每个回合的攻防时间为 10~20 秒，回合之间的间歇时间为 5~10 秒的特征，在训练中可采用连续进行攻防练习 20~30 秒，步法放松练习 5~10 秒的间歇训练法进行训练。

2. 强化性间歇训练方法的应用

强化性间歇训练法是发展以糖酵解供能系统为主的、糖酵解供能代谢系统与有氧代谢系统混合供能能力和心脏功能的一种重要的训练方法。散打训练中正确合理地运用这种方法，可有效地提高运动员在激烈对抗和困难的比赛条件下技战术的熟练性、实效性和稳定性，以及运动员的速度耐力和力量耐力。

强化性间歇训练法在散打训练中应用的特点，是一次（组）练习的时间略长，通常在 1~4 分钟之内；负荷强度很大，心率多在 170~180 次/分；间歇时间很不充裕，以心率降至 130 次/分左右为开始下一次练习的确定依据；练习内容多为各种负荷强度不同的单一技术动作、组合技术动作的混合练习或战术形式的演练等。例如，重复 4~6 组的 2~3 分钟的击打沙包练习，每组之间休息 30~60 秒，采用放松慢跑的休息方式。又如，一名训练者坐庄，用 3~5 人轮流与之实战一局或半局，每局之间休息 30~60 秒，休息时采用放松体操或慢走的方式等。这些方法和手段对提高训练者的专项耐力非常有效。

3. 发展性间歇训练方法的应用

发展性间歇训练法是发展以有氧代谢系统供能为主的、无氧代谢与有氧代谢系统混合供能能力和心脏功能的一种重要的训练方法。散打训练中正确合理地运用此方法，可有效地提高运动员在比赛最困难的相持阶段和最后关键时刻技战术发挥的稳定性和实效性，有效地提高运动员的专项耐力。

发展性间歇训练法在散打训练中应用的特点一次（组）练习的时间较长，通常在 4 分钟以上；负荷强度较大，心率在 160 次/分左右；间歇时间不充裕，以心率降至 120 次/分左右为开始下一次练习的确定依据；练习内容多以拳法、腿法、摔法和步法等各种负荷强度不同的单一技术动作，进行全面、多种类的组合动作的混合练习或战术组合的串联练习等。例如，重复数组持续时间为 5~6 分钟的变异组合击打移动靶练习，组间休息 1 分钟，休息方式可采用放松性慢走等，还可采用"一对二"的轮番格斗等。

在实际训练中，为了更有效地提高运动员的专项耐力水平，常将发展性、强化性间歇训练法与持续训练法结合运用，根据负荷强度的分级标准进行训练。

（三）间歇训练法的注意事项

第一，应根据训练的具体任务采用不同的训练方法，如为了发展运动员的速度和速度耐力，就应该采用强度极大的高强度间歇训练法。为了发展力量耐力，就应相应采用重量轻、强度小、次数和组数较多的练习。

第二，根据训练任务调节各因素间的参数。由于各参数的变化是相互影响和制约的，因此在变化某一因素的参数时，要充分考虑对其他因素的影响。相对而言，间歇时间是最重要的因素，若以心率衡量，心率恢复以不低于 120~130 次/分为宜。

第三，由于间歇训练是在机体未完全恢复的情况下进行下一次练习，负荷强度一般很大，运用此方法时应考虑运动员的训练基础，并注意加强医务监督。

四、散打运动的循环训练法

循环训练法是指根据训练的具体任务，将练习手段设置为若干个练习站（点），运动员按照既定的顺序和路线，依次完成每站（点）练习任务，重复若干次（组）练习的训练方法。循环训练法由每站的练习内容和运动负荷、练习站（点）的安排顺序和间歇、每遍循环之间的间歇、练习的站数与循环练习的组数等因素构成。在安排训练时，要根据运动员的不同情况，对这些因素进行合理规划。

循环训练法在散打训练中可以用于技战术的巩固和提高，但更多的是用于运动员的身体训练和专项素质的提高。由于循环训练法是一种综合形式的练习方法，练习起来生动活泼，因而可以有效地激发运动员的训练情绪和积极性；又由于每一站的练习内容不同，可以对身体的不同部位交替刺激，因而能够全面发展运动员的身体素质，防止局部过度疲劳；此方法还可以根据不同的情况对练习的负荷强度和练习顺序进行调整，做到区别对待。另外，如果练习的顺序安排合理，还可以有效地增大训练课的练习密度。

（一）循环训练法的主要类型

在散打训练的实践中，依据各组练习之间间歇的负荷特征，循环训练法主要分为循环重复训练法、循环间歇训练法和循环持续训练法三种基本类型（表 2-4）。

表 2-4　循环训练法基本类型及其特点

类型 要素	循环重复法	循环间歇法	循环持续法
循环过程	间歇而且充分	间歇不充分	基本无间歇
负荷强度	最大	次大	较小
负荷性质	速度、爆发力	速度和力量耐力	耐力
供能形式	磷酸盐代谢系统 供能为主	糖酵解代谢系统 供能为主	有氧代谢系统 供能为主

（二）循环训练法的具体应用

1. 循环重复训练方法的应用

循环重复训练法是指按照重复训练法的要求，在循环的各站点和各组之间间歇充分的情况下，全力进行各站点或各组循环练习的方法。由于各站点间间歇充分，练习时负荷强度极大，此方法应用于散打训练主要是为了发展专项高强型战术的规范性和熟练性，提高攻防过程中的对抗性，发展运动员的磷酸盐系统储能和供能能力及专项特有的速度和爆发力。

循环重复训练法在散打训练中应用的特点，是可以将拳、腿、摔单一技术动作或组合动作与身体素质的练习设置为若干个站点进行练习，每站之间间歇充分，每一遍练习后安排一次长的间歇。例如，10~20 秒的快速击打手靶练习，然后进行 10~20 秒的快速击打脚靶练习，之后再进行 10~20 秒摔布人练习，然后进行节奏较快的 30 秒揉摔对抗练习，最后两站分别设置为 15 秒左右的快速俯卧撑拍掌练习和台阶冲刺跑，要求各站点间休息较为充分。

2. 循环间歇训练方法的应用

循环间歇训练法是指按照间歇训练法的要求，对循环的各站点和各组之间的间歇时间作出规定，使机体在未完全恢复的情况下进行下一站点练习的方法。由于各站点间的间歇并充分，练习时负荷强度又较大，此方法应用于散打训练主要是为了发展运动员的无氧糖酵解系统，及其与有氧代谢系统混合供能的能力，发展专项特有的速度耐力和力量耐力，提高运动员在疲劳状态下持续、规范、合理地完成高强度技战术的能力。

循环间歇训练法在散打训练中应用的特点，是可将各种高强度的技术动作和身体素质的练习设置为若干个站点进行练习，练习顺序通常是先技术后素质，各站点间间歇不充分，各组之间间歇可以充分，也可以不充分。例如，第一站为 30~60 秒的击打沙包练习，第二站为 20~30 秒的快速摔布人练习，第三站为 2 分钟的双人实战练习，第四站为 30 秒左右的两头起腹肌练习或背飞练习，各站之间的间歇可为 20~60 秒不等，循环数组。

3．循环持续训练方法的应用

循环持续训练法是指按照持续训练法的要求，各组和各站之间不安排间歇，用较长的时间进行连续练习的方法。由于各站练习的平均负荷强度较低，但总的负荷量较大，因此，在散打训练中采用此方法主要用于发展运动员身体的有氧工作强度，多用于身体素质的训练，发展运动员的一般耐力、力量耐力及专项耐力，也可用于改进、提高和巩固技术动作及战术形式的串联演练等。

循环持续训练法在散打训练中应用的特点，是将各种技术、身体不同的部位和不同负荷强度的练习交替搭配设置为若干个练习站，各站之间无明显的中断，一次循环的练习时间较长，通常在 8~10 分钟，各组之间的间歇可有可无，循环练习的组数较多。例如，将拳法、腿法、摔法和上肢力量练习、腹背力量练习、下肢力量练习交替穿插安排，循环数遍，可有效改进、提高技术动作和相应的力量耐力水平。

（三）循环训练法的注意事项

第一，由于循环训练法是连续进行的，因此，各个站点的练习内容应该是运动员基本掌握的，以保证训练的流畅。

第二，各练习站点的循环顺序应根据具体的训练任务来安排，其中，应注意考虑使拳、腿、摔等各种技战术和运动员的身体不同部位合理搭配和交替进行，以全面提高运动员的各种技战术运用能力和运动素质。

第三，为验证循环训练的效果，所设定的循环练习内容不宜经常变更。在训练的开始和结束部分，要分别进行各种指标和数据的测定。

五、散打运动的变换训练法

变换训练法是指在训练过程中，有目的地改变练习的速度、力量、数量等运动负荷，或改变练习的内容与形式，以及改变场地、器材、时间、空间等训练环境与条件，以提高运动员在训练和比赛中的适应性和应变能力，改进与提高运动技术和身体训练水平，提高训练的趣味性与积极性的训练方法。

（一）变换训练法的基本类型

变换训练法依据变换因素的不同，可分为负荷变换、内容变换和形式变换训练法三种基本类型（表2-5）。

表2-5　变换训练法主要类型

类型 要素	负荷变换法	内容变换法	形式变换法
负荷强度	变化最大	可变或不变	可变可不变
动作结构	相对固定	变换	固定或变换
供能形式	可在多种代谢形式 之间进行变换	以某种代谢形式 供能为主	以某种代谢形式 供能为主

（二）变换训练法的具体应用

1. 负荷变换训练方法的应用

负荷变换训练法是指，通过改变构成运动负荷的强度和量这两个因素的搭配形式，达到训练目的的一种重要的训练方法。在散打训练中，负荷变换训练法既适用于运动素质的训练，也适用于技战术的训练。通过运动负荷的合理变化，可以使运动员的机体产生与比赛负荷特征相匹配的适应性变化，从而提高运动员承受比赛时不同运动负荷的能力。

负荷变换训练法在散打训练中应用的特点，是通过负荷强度的提高，发展某一运动机能的水平，巩固、提高某一技术或战术在高对抗条件下的正常发挥，以适应比赛激烈对抗的负荷特征；降低负荷强度，有利于学习和掌握运动技术或战术，加深对技战术的深刻理解，以及促进运动员机体的恢复。通过负荷量的提高，可以发展某一运动机能或运动素质的耐力水平，提高技战术的熟练性和稳定性，有利于运动负荷累进效应的产生，负荷量的减少，则有利于运动员机体的恢复。例如，当运动员已经对20秒连续空击适应后，可以通过20秒连续击打沙包增加运动强度，以提高技术运用的实效性和动作的击打力量,或通过将20秒变为30秒这一时间的增加，提高运动员的耐力水平和在疲劳状态下技术的稳定性与协调性。

在散打训练实践中，负荷变换训练法常与重复训练法和间歇训练法等方法结合使用，通过改变练习动作的负荷强度、练习次数、练习时间、练习组数、间歇时间和间歇方式等因素，紧密结合散打比赛的负荷特征，促使本专项竞赛对运动员技战术、身体素质和能量代谢系统的需要。

2. 内容变换训练方法的应用

内容变换训练法是散打训练中经常采用的方法之一，它不仅适用于各种技术或技术组合的变化练习、某种战术多种方案或战术组合的变化练习，还适用于各种身体素质的变化练习。通过正确合理地变换训练内容，可以使运动员各种技战术和运动素质得到全面的锻炼和协调的发展，能够提高运动员在比赛中对各种技战术的综合运用和灵活变化的能力。这种训练方法还可以避免训练的单调乏味，调节训练情绪。

内容变换训练法在散打训练中应用的特点是，练习内容的动作结构可以是单一的，也可以是多元的，可以是固定的，也可以是变异的；练习内容的变化种类及变换节奏适合散打比赛的需要；练习的负荷性质符合散打比赛的特征。例如，为了发展运动员后手拳的击打速度和击打力量，可以采用击打沙包、击打墙靶、击打主动迎击的手靶或手抓皮条的空击等不同的内容加以变换；为了发展运动员直线技术和弧线技术组合运用的能力，可以对上、下、左、右四个不同方位的直线技术和弧线技术的组合加以变化进行训练。

3. 形式变换训练方法的应用

形式变换训练法也是散打训练中广为采用的方法之一，它主要反映在训练环境、训练时间、训练路径、训练条件、训练组织形式和训练器材的变换等。通过变换训练的形式对运动员产生的新异刺激，保证运动员在不同的条件下或处于不同的情况时，各种专项技战术及其组合都能够正常地发挥，甚至是创造性地运用于散打比赛的实践中。另外，形式变换训练法也能够调动运动员的训练激情，使他们处于良好的精神和生理状态中，进而提高训练质量。

在散打训练中，有多种形式可以变换。例如，在进行接腿摔训练时，由于运动员具有害怕畏难的心理，担心对方的腿控制不住会重击自己，这时可让施摔者穿上护具进行训练，待技术娴熟后再去掉护具进行练习。如果进一步要求，则可以变换条件，使之加难，如让陪练者使用各种方法主动进攻，练习者除了可以对对方的腿法进行接腿摔防守反击外，对其他技术动作只能进行防守。又如，可以改变训练的环境，在人数较多的地方进行训练，以促使运动员产生强烈的表现欲望，使之能够适应比赛时的现场观众气氛。

（三）变换训练法的注意事项

第一，在负荷变换训练法中，对于负荷强度和负荷量的调整要谨慎，尤其是要尽量避免负荷强度和负荷量的同时增加，以防止运动负荷不当而产生消极的训练效果。

第二，在技战术训练中，运用变换训练法达到训练目的后，应及时恢复正常状态下的练习，以避免由于变换训练形成的动力定型与正常的技术规范脱节，或与正规的比赛要求不相适应。

第三，在进行变换训练法时，要善于开动脑筋，启发创新，大胆突破，才能会产生意想不到的效果。许多现代训练方法和训练手段就是基于变换训练法而产生的，如金字塔式训练法就是负荷变换训练法的一种特殊形式，转移训练法是内容变换训练法的一种形式。另外，通过对训练条件的改变，还出现了高原训练法、低压舱训练法，以及间歇性低氧训练法等新兴的现代运动训练方法。

六、散打运动的游戏和比赛训练法

游戏和比赛训练法是散打训练中常见的训练方法之一，它是利用人类竞争的天性，运用游戏和比赛的方式和规则进行训练的方法，这种方法广泛应用于身体和技战术训练，能够调节训练的气氛，激发运动员训练的积极性和进取精神。

（一）散打运动的游戏训练法

游戏训练法是指利用游戏的趣味性和激烈性，采用游戏的方式进行训练的方法，这种方法有利于训练运动员注意力集中，调动训练情绪，调节训练气氛，从而有利于延迟疲劳的产生和促进疲劳的恢复。游戏训练法还有利于培养运动员团结协作的精神和互帮互助的品质。

游戏训练法在散打训练中的应用具有较大的灵活性，既可用于训练课的基本部分，也可用于开始部分和结束部分；既可用于运动员身体素质的训练，也可用于技战术的训练。在训练的准备阶段和基本阶段应用较多，在比赛阶段也可适当应用。

在进行技战术的训练时，可以运用游戏检验运动员技战术掌握的准确程度或方法的快捷性与灵敏性等。例如，在进行侧踹腿的训练时，可让两名运动员面对面保持一定距离，双方在移动中听信号或见手势后迅速向对方出击侧踹腿，对反应、腿法快慢、腿法标准等进行比赛，或者在 10 秒内看谁的侧踹腿出击次数多等。又如，为了检验侧踹腿击打的准确性，可以将拳套抛于一定的高度，在拳套下落的过程中进行踹击，看谁在规定次数内击中的次数多。

在训练课的开始部分，可以采用一些对运动员反应要求较高的游戏，以使运动员的注意力尽快集中，或者能使运动员的身体尽快活动开的游戏，以投入正式的训练。在训练课的结束部分，可以用一两个轻松有趣的游戏结尾，使运动员全身放松，促进疲劳的回复。

（二）散打运动的比赛训练法

比赛训练法是指运用比赛或近似比赛的形式与负荷进行训练的方法。其主要目的是检查训练效果，提高专项训练强度，培养竞技状态，改进运动技术或战术，强化比赛的心理素质，培养比赛的意志品质等。适当地运用比赛训练法，有助于运动员体能、技术、战术、心理和运动智能各种专项竞技能力全面而综合地提高。

1. 比赛训练法的主要类型

在训练实践中，根据比赛的性质，有四种形式的比赛训练法，即教学性、检查性、模拟性和适应性比赛训练法，这四种方法由于应用的目的不同，各有自己的适用范围和应用特点（表 2-6）。

表 2-6　比赛训练法主要类型

主要类型	教学性比赛	检查性比赛	模拟性比赛	适应性比赛
比赛规则	正式或自定规则	正式或自定规则	正式规则	正式规则
比赛环境	相对封闭	封闭或开放	封闭或开放	开放
比赛过程	可人为中断	不可中断	不可中断	不可中断
比赛对手	队友或对手	对手	队友或对手	对手
比赛裁判	临时指定	正式指定	临时或正式指定	正式指定

2. 比赛训练法的具体应用

（1）教学性比赛训练法。教学性比赛训练法是指在训练的条件下，教练员根据散打竞赛的正式规则或自定的规则，让运动队内部队员之间，或与其他运动队的队员之间进行专项实战的训练方法，这种方法在散打训练中应用非常广泛。如果运动员一段时间内不进行教学性比赛，那么他们的竞技能力尤其是实战时的感觉就会大打折扣。因此，有经验的教练员每隔一段时间就要求运动员进行一次教学性比赛，少则数周，多则 1~2 周一次。因此，没有教学性比赛就没有运动员实战能力的提高。

在实际应用教学性比赛训练法时，既可以采用完整的散打竞赛规则进行实战训练，以提高运动员整体的专项竞赛感觉，也可以采用部分竞赛规则进行某一方面技战术的训练。通常，教练员有时会中断比赛过程以便进行及时的指导。在内部队员之间进行比赛时，还可以经常让训练程度不同或级别不同的队员进行实战对抗，这无论对水平高的队员还是对水平低的队员都有裨益，甚至在一定程度上还可以避免训练伤害事故的发生。

（2）检查性比赛训练法。检查性比赛训练法是指为了检验某一阶段的训练效果，在真实或模拟的比赛条件下，严格按照比赛规则进行实战训练的方法。由于检查性比赛训练法的目的性很强，容易发现前一阶段训练中存在的问题，因而有经验的教练员也常采用此方法进行训练。

在散打训练的实践中运用检查性比赛训练法时，通常是让运动员参加一些非正式的比赛，因此，所用的比赛规则既可以是正式的，也可以是部分性的，但多数情况下采用正式比赛规则为宜。由于为了检查训练效果，所以比赛过程不应中断。有经验的教练员还往往对比赛实况进行录像，以便赛后同运动员一起分析，寻找薄弱环节，制定出今后的改进方案。

（3）模拟性比赛训练法。模拟性比赛训练法是指在对比赛的环境、条件、对手特点进行详细了解和分析的基础上，通过模拟真实的比赛条件和环境，以及主要对手，严格按照正式竞赛规则进行实战训练，以使运动员逐渐适应比赛特殊条件的训练方法。由于模拟性比赛训练法针对性很强，只以某一次重要的比赛为出发点，因此，这种方法通常只在赛前集训阶段采用。通过模拟性比赛的训练，可以增强运动员的心理承受力，加强训练的针对性和实战性，提高对真实比赛状况的预见性等。

在散打训练的实践中，以模拟主要对手的技术特点和战术打法为常见。在这种情况下，应当特别注意认真挑选或培养模拟对手，使之与真实对手的技术特点或战术打法尽量一样或相似，以便有针对性地提高运动员面对真实对手时的心理优势和竞技实力。

有意模拟比赛中较易影响运动员比赛情绪的不利因素，对于运动员的竞技能力尤其是心理素质的提高至关重要。例如，有的运动员心理素质较差，当比分暂时落后，或裁判员出现错判、漏判时容易急躁或是丧失斗志，模拟训练时就可以有意地制造这种情形，让模拟对手领先，或故意让裁判员错判、漏判，以此磨炼运动员的意志品质。另外，模拟真实比赛场地的条件、比赛地的气候与时差、比赛具体时间的安排等，也都是经常采用的方法。

（4）适应性比赛训练法。适应性比赛训练法是指在重大比赛之前，在真实比赛的条件下，按照比赛规则，与真实或类似真实的对手进行比赛，以求运动员尽快适应重大比赛的心理和竞技状态的训练方法，这种方法与模拟性比赛训练法一样只适用于赛前集训阶段，所不同的是，适应性比赛训练法是在真实比赛的条件下进行，而模拟性比赛训练法则是在人为模拟比赛的条件下进行。通过适应性比赛的训练，能够发现影响运动员重大比赛成绩的关键问题，以便于及时解决，促进运动员各种竞技能力因素的高质量匹配，使运动员产生旺盛的竞争欲望，从而形成与重大比赛相适应的最佳竞技状态。

在散打训练的实践中，适应性比赛训练法有多种应用形式，如重大比赛前的系列邀请赛、对抗赛、访问赛和表演赛等，这些比赛对现阶段的运动员有非常重要的作用，这是因为目前的散打比赛有多种竞赛规则，如世界杯武术散打比赛和世界武术锦标赛散打比赛、全国武术散打锦标赛和全运会武术散打比赛、全国散打王争霸赛、中国武术与美国职业拳击对抗赛、中国武术与职业泰拳对抗赛、武术散打水上擂台赛等，这些竞赛规则都不太一样，如果运动员在赛前不适应所要参加比赛的规则，那将势必处于不利的地位。适应性比赛如果与模拟性比赛训练结合运用，会起到事半功倍的效果。

在参加适应性比赛前，同正式比赛一样，也应有一套完整的赛前准备、赛中实施和赛间调整的方案，以免运动员在重大比赛前有不良心态的产生，并保证在重大比赛时运动员处于最佳竞技状态。

（三）游戏和比赛训练法的注意事项

第一，游戏和比赛训练法的一个重要结构因素就是规则，因此，要善于运用规则作为调节训练和比赛的重要杠杆。

第二，在进行游戏和比赛训练法时，由于竞争激烈，运动员容易情绪激奋，体能消耗较大，因此在练习之前要做好准备活动，并根据训练任务掌握好负荷量和结束的时机，以免影响训练计划和任务的完成。

第三，要谨慎地安排比赛训练法，在运动员机能状况不好和疲劳时不宜安排，以免造成厌战、惧战等心理障碍并避免受伤。

第四，比赛训练法，尤其是赛前的适应性比赛，不应采用过多，以免影响运动员的技术特长和战术打法在重大比赛中的发挥，或运动员由于过度疲劳而在重大比赛时不能形成最佳竞技状态。

七、散打运动的现代新兴训练法

当前运动成绩的水平越来越高，人们在加大运动负荷方面已经作了很大努力。在运动负荷的数量上，由于训练时间的限制，几乎到了难以复加的地步。人们只好着眼于运动负荷的强度，希望通过提高训练难度来加大运动负荷，以求给予机体更强烈的刺激，从而调动人体的最大潜力。基于这种设想，伴随着现代科技水平的不断发展，一些新兴而卓有成效的现代运动训练方法应运而生。

（一）散打运动的高原训练法

高原训练法纳入运动员的训练过程，始于 20 世纪 40 年代，在墨西哥城奥运会前后出现了高原训练的高潮。由于墨西哥城海拔 2224 米，在这一届奥运会上，许多世居高原的运动员大显身手，凡属耐力性项目的优胜者大都来自高原地区。在随后的一系列国际比赛中，进一步显示了高原训练的优越性。于是，高原训练法引起了各国体育科研工作者和教练员的极大兴趣，从而展开了对高原训练法的大规模探索和研究。目前，许多项目，包括足球、排球、中长跑、竞走、游泳、自行车、赛艇等，都依据本项目比赛的特点对高原训练法进行了积极的、科学化的探索和利用。

高原训练法主要是利用高原低压、缺氧环境激发运动员机体产生强烈的应激反应以调动机体的潜能，从而导致一系列有利于提高运动能力的抗缺氧生理适应。在高海拔地区，由于氧分压降低，使氧气由肺泡向血液弥散的动力降低。因此，人的摄氧能力降低，最大摄氧量下降。在高海拔地区，每升高 300 米，最大摄氧量下降 3%。如果高度过高，人体的"应激"必然太大，对完成高强度的训练是不可取的。国际运动医学学会的决议中强调，超过 2286 米高度的训练要给予密切注意，并禁止在 3086 米以上的地区举行比赛。目前认为高原训练的适宜高度为 1800~2200 米。

高原训练大体可以分为五个阶段：第一，高原训练的准备阶段，这个阶段主要是在上高原前打好有氧训练的基础，以使运动员的最大摄氧量和氧的利用率都处于最佳状态，以便上高原后尽快投入正常训练。另外，上高原前应有 2~3 次调整性训练，以使运动员在上高原时有良好的身体状况。第二，高原训练的适应阶段，这个阶段对于优秀运动员需要 3~4 天。训练内容主要是安排强度较低的有氧训练和技术训练，并逐步加大训练强度和训练密度。第三，高原基本训练阶段，这个阶段以 3~4 周为宜，以专项训练为主，每周安排数次有氧训练来调整。第四，下高原的准备阶段。一般安排 2~3 天的调整恢复训练，以便为下到平原后的训练和比赛做准备。第五，下高原后的适应训练和竞技状态的培养。一般下高原后训练 3~4 周，调整 1 周再参加比赛，成绩会有较大幅度提高。

（二）散打运动的间歇性低氧训练法

高原训练法自一开始就面临着许多争议，其本身确实存在不少弊端，如上下高原都有一个适应期，不利于训练的系统性；高原训练的运动负荷相对平原较低，有可能破坏在平原获得的神经肌肉联系的动力定型；在高原的环境下运动疲劳不易恢复；高原训练的经费开支较大等。于是体育科研工作者便开始致力于模拟高原训练的研究。20 世纪 80 年代末，很多科学工作者将应用于医学领域的间歇性低氧训练应用于运动训练，逐渐摸索出一套行之有效的仿高原训练法。

间歇性低氧训练是借助专用的低氧仪，使受试者吸入低于正常氧分压的低氧混合气体，人为地制造缺氧条件，以使机体产生强烈的应激反应，从而调动机体潜能，导致一系列有利于提高运动能力的抗缺氧性生理适应，全面提高呼吸循环机能、血液运输氧的能力，以及骨骼肌的代谢能力的一种训练方法。由于这种训练是对受试者进行多次低氧刺激后完成的，换言之，当利用低氧混合气体刺激受试者一定时间后，让其转入正常呼吸，间隔一定时间再进行低氧刺激，按一定时间组合重复进行，低氧刺激呈现出脉冲性或间歇性，因此称为间歇性低氧训练。

间歇性低氧训练有诸多优越性。例如，这种训练法是安排在运动员的休息期进行，只作为常规训练的辅助手段与常规训练穿插进行，不影响原来的训练计划，能够保证训练的系统性；受试者可根据自身的情况，在氧容积 20%~10%的范围内任意选择所需的氧分压参数，相当于在海拔400~5800 米之间可以任意往返，这可使运动员根据训练水平有计划地加大缺氧刺激，从而使其机能潜力得到最大限度的发展；在缺氧刺激训练后，可以在正常的环境下得到很好的恢复，有利于训练强度的计划安排等。虽然这种方法受仪器设备等条件的限制，但随着我国经济实力的突飞猛进，相信在未来的散打训练中会逐渐普及开来。

为了克服高原训练的弊病，又出现了与间歇性低氧训练法近似的高住低练（HiLo）训练法，即运动员居住在高原或人工低氧环境时，训练则在平原或较低高度进行。HiLo 训练法目前主要用于赛前训练，其效果通常需要 3~4 周见效。研究表明，如果采用 HiLo 加低氧运动（即适当的低氧训练），训练效果会更好。目前，已有多个竞技体育强国采用了这一先进的训练方法。

第三章 散打运动竞技能力培养的实操

第一节 散打运动技能培养理论

一、散打技击对抗的理论分析

（一）散打学科的理论基础

散打，是中国传统武术的重要组成部分，以踢、打、摔、拿四大技法为主要进攻手段，具有远踢、近打、贴身摔等技术特点。此外，散打作为民族传统体育项目，也是现代体育运动项目之一，在比赛过程中，双方按照竞赛规则，利用踢、打、摔等攻防战术进行徒手搏击、对抗。因此，散打具有体育性、对抗性、民族性等特点，是一项独特的体育运动。本节我们主要探究散打的科学理论基础。

1. 散打生理学基础

散打的生理学基础主要包括两个方面：一是运动过程中的物质代谢系统；二是运动过程中的能量代谢系统，具体如下。

（1）散打与物质代谢系统。在散打运动中，人是活动的主体。生命活动的基本特征是人体内的物质代谢。物质代谢是合成代谢和分解代谢两个相互联系的过程。下面将具体阐述散打运动中的糖代谢、脂肪代谢、蛋白质代谢和水盐代谢。

第一，糖代谢。糖是运动所需能量的主要能源，对人体有着非常重要的作用。一般而言，人体每天所需能量的70%左右是由体内的糖来提供。一般而言，长时间进行散打运动，运动者就会出现运动能力下降的现象。通常情况下，在进行散打运动前半小时或两小时补充糖是效果最好的，这样能够让糖直接随血液运送到肌肉组织或者参与糖原的合成转化过程。在散打运动开始后，肌、肝糖原被动员进入血糖供给需要，能够使血糖保持在较高的水平上。

第二，脂肪代谢。脂肪是以有氧代谢为主的训练中的主要能源物质，人体脂肪主要来自于动物脂肪和植物油。脂肪只有在有氧运动中才能提供能量。随着运动时间的延长，脂肪的供能比例会随之增加。有氧运动可以提高机体氧化利用脂肪酸供能能力，长期运动能够使血脂升高，使血浆中LDL①的含量有所降低，血浆中 HDL②的含量增加，长期运动可以减少体脂的积累，使身体的成分得到有效改善。散打运动是一项剧烈的体育运动，当运动员体内的肌糖原和肝糖原消耗完以后，就会动用体内的脂肪来进行供能。

第三，蛋白质代谢。蛋白质是一切生命活动的基础，能为机体的运动提供能量。从食物中补充蛋白质，在消化液作用下蛋白质分子分解为氨基酸，被小肠吸收。氨基酸被吸收后，几乎全部通过毛细血管进入血液，可在各种不同的组织中重新合成蛋白质。氨基酸经脱氨基作用等代谢过程，最终生成氨、二氧化碳和水。氨基酸在分解代谢过程中释放能量。

第四，水盐代谢。水也是人体细胞和体液的重要组成部分，约占体重的 60%~70%。人体的许多生理活动一定要有水的参与才能进行，它可以将氧气和各种营养素直接或间接地带给人体各个组织器官，并将新陈代谢的废物和有害有毒的物质通过大小便、出汗、呼吸等途径及时排出体外，还具有维持体温的作用。水的比热高，温度不易改变，所以当机体进行散打运动时，体内会产生很大的热量，水通过蒸发出汗消耗大量的热，保证体温没有大幅度的变化。

人体组织中，除碳、氢、氧、氮等主要元素以有机化合物的形式出现以外，其余各种元素统称为无机盐（也称矿物质）。无机盐在人体中具有非常重要的作用，在进行散打运动时，由于新陈代谢加快，人体需要的无机盐增加，因此，应该适当补充无机盐，从而保障身体的代谢需求。

（2）散打与能量代谢系统。能量代谢是人体和外界环境能量的交换，以及人体内能量转移的过程。主要包括以下系统：

第一，磷酸原供能系统。由人体内的三磷酸腺苷（ATP）、磷酸肌酸（CP）分解产生能量的反应过程，称作磷酸原供能系统。在散打运动中，肌肉收缩所需要的能量中，ATP 是将化学能转变为机械能的直接来源。磷酸肌酸是贮存在肌细胞中与 ATP 紧密相关的另一种高能磷化物，分解时能释放出能量。当肌肉收缩且强度很大时，随着 ATP 的迅速分解，CP 随之

---

① LDL 即低密底脂蛋白，代表体内含有高胆固醇水平。
② HDL 是一种抗动脉粥样硬化的血浆脂蛋白。

迅速分解供能。磷酸原供能系统中，ATP、CP 均以水解分子内高能磷酸基团的方式供能，因此，在散打运动的开始阶段，机体会最早起用、最快利用磷酸原供能系统，且不需要氧气参与。

第二，糖酵解供能系统。糖原或者葡萄糖无氧分解生成乳酸，并合成ATP 的过程为糖的无氧代谢，又称为糖酵解。糖酵解供能是机体进行大强度剧烈运动时的主要供能系统。糖酵解的过程是在细胞质中进行，不需要氧的参与。因为散打运动是一项剧烈，且需要强大爆发力的运动，在运动过程中，肌肉一部分所需要的能量来自糖酵解供能系统。

第三，有氧氧化供能系统。有氧代谢供能系统，就是指"机体在氧气充足的条件下，糖、脂肪、蛋白质会被彻底氧化成水和二氧化碳的反应过程"。[①]在散打运动中，虽然运动剧烈，但主要还是以有氧氧化系统来供能。有氧氧化提供的能量，能够提供机体很大的能量，从而能维持肌肉在较长时间进行工作。由葡萄糖有氧氧化所产生的 ATP 为无氧糖酵解供能的 19 倍。ATP 和 CP 的最终再合成以及糖酵解产物乳酸的消除都要通过有氧氧化来实现。

2. 散打心理学基础

散打，是个人与个人之间在场上的较量，运动员在比赛过程中，需要随时调整自己的心理状态，并通过观察对手的眼睛和身体姿态来判断对手的心理变化，从而作出下一步动作。特别是一场势均力敌的散打比赛，谁的心理更强大，心理调整能力更强，谁就更容易取得比赛的胜利，具体表现如下。

（1）情绪对散打运动的影响。情绪对散打运动员的影响非常大。良好的情绪能帮助散打运动员在场上应对自如，控制好自己的动作，发挥出自己的正常水平。不良的情绪或运动员的情绪不稳定，导致运动员在场上发挥不佳，甚至出现不良的后果。

（2）意志对散打运动的影响。一名优秀的散打运动员，必须拥有坚强的意志，散打的训练和比赛都是非常艰苦的，运动员承受着身体和心理上的双重折磨，只有不断磨炼自己的意志，才能在比赛中不放弃，拼搏到底。如果意志力不够，很容易中途放弃或者对比赛失去信心，意志力是散打运动员必须具备的心理素质。

---

① 翟磊. 现代散打技法解析与训练研究[M]. 北京：中国书籍出版社，2017：37.

（二）散打动作的技击阈值

散打，作为武术的一个重要组成部分，当前，散打技术有了很大的进步和发展，但其仍然缺乏理论上的升华和指导。而散打的根本，是一门技击运动，因此，可以通过对技击理论的研究，来科学地指导散打的进一步发展。有了理论保障，武术散打才能在世界众多搏击类项目中始终立于不败之地。

1. 散打技击的内容体系

（1）散打技击的本质。人类所有的技击性运动，包括武术、拳击、跆拳道、摔跤、泰拳、柔道、自由搏击等运动，都有其本质特征，即人类为了战胜对手，在一定条件下最大限度地挖掘自身的攻防能力以争取最佳的打击效果。技击从一定程度上反映的是人的本性，而技击类的运动也在一定程度上满足了人的攻击欲望。但人类毕竟是有思想的，通过一些价值观和规范的约束，可以让这种技击运动合理化，从而促进人类的全面发展。散打，作为武术中的一种重要表现形式，当然也不例外。

（2）散打技击的规律。只有正确认识和把握规律，按照规律办事，才能把事情办好。散打技击，也是一种客观现象，同样具有它自身的客观规律，正确地认识和把握散打技击的客观规律，才能取得比赛中的胜利。散打技击中的规律便是指，要掌握散打技术训练中的技击规律，弄清楚散打比赛中的技击规律，只有这样，通过对其中规律的不断探索，不断总结和完善自己的散打技战术，才能立于不败之地。

（3）散打技击的原则。散打技击的原则主要是指在散打中，人为观察场上问题、处理场上问题的准则。只有遵守一定的技击原则，才能在对抗中不让对手在自己身上产生技击效果，而自己却能在对手身上产生技击效果。即使在比赛过程中被对手击打，也能减少或化掉对手击打的力量而不被损伤，做到避实就虚，以巧制胜。在散打比赛中，要注意建立复合型的攻防意识，注意在散打比赛中做动作的完整性。

（4）散打技击的目的。无论任何人，在做事情时，都会有其目的。在进行散打比赛时，参赛者也必须了解技击的目的，才能有所斩获。散打技击的目的主要表现在：不断击打对方，取得比赛的一定效果；采取控制与反控制来掌握对手的思维状态，从而为下一步动作奠定基础；破坏对方的技战术平衡状态，赢得比赛胜利。

2．散打动作的技击阈值

阈的意思就是界限，故阈值又叫临界值，是指一个效应能够产生的最低值或最高值。阈值在各个领域都有应用，包括数学、化工系统工程、自动控制系统、生物科学、心理科学等学科。此外，阈值可以是一个范围，不一定是一个特定的值，阈值是可以发生变化的，它可以根据事物的发展，变高或变低。

（1）散打动作技击阈值的含义。在散打对抗中，我们可以通过阈值的高低来分析运动员驾驭散打动作的能力，也可以通过阈值的升降来判断散打训练的效果。在训练和比赛中运用动作的能力越高，其阈值就会越低。在散打的学习与训练中，技术越复杂，表现该技术的动作阈值则越高，反之，技术越简单，该技术的动作阈值就越低。

对于初学散打的运动员而言，从表面看上去，他们的基本动作同高水平散打运动员的功架并无大异，但是其动作阈值高，而高水平的运动员动作阈值低，因此在散打比赛实践中，初学者的动作应用难度比较大，而高水平的运动员动作阈值相对低，动作应用的可行性较高。同水平散打运动员的动作阈值大致相当，他们之间的比赛中动作的效果也就旗鼓相当，那么比赛结果就要视散打对抗双方所设计战术与运用战术的能力而定。从散打的日常练习中分析，例如，上步左右冲拳，初学者往往通过练习都能很快掌握，在一段时间内的强化练习后，能很快将该动作组合的阈值降低，在实战中运用率与成功率就会提高；而腾空飞腿或旋风腿的动作是非常复杂且不容易学习的动作，学习起来就比上步左右冲拳难度大得多，其阈值就特别高，这类通过训练要降低其动作阈值的效果不好，在比赛中成功率就会变低，可能在擂台上都没有运用这一类动作的机会。

因此，了解散打动作的技击阈值，对于自己的平时训练和比赛，以及对对手的技术特点，具有很大的帮助，可以让自己更加游刃有余地进行针对性的训练和比赛。

（2）散打动作技击阈值的影响因素。散打技击阈值必须通过一定的专门化训练来降低，使相关的散打动作在比赛中威慑力加大，但这种能力却是相对的，因为技击阈值是一个动态变化值。如果不进行身体训练和专项训练，阈值又会回升，并可能会逐步朝着本人最初始的阈值靠拢。在散打比赛过程中，运动员的阈值会随着外在的环境、自身的心态以及自身身体状态的变化而发生高低上的变化，同时肯定也会受不同的比赛对手以及对手水平高低的影响，双方的动作使用存在着相互抑制的状态。比赛中，一定要注意把动作的阈值降到比对手更低的状态，只有这种低阈值的动作，才能在散打比赛中争得相应的主动权。因此，在散打比赛中，技击阈值与哪些因素有关系，具体如下。

第一，瞬间思维的能力。散打比赛中的瞬间思维是指在散打比赛中对势态的判断与表现技法的动作思维。瞬间思维的能力主要包括两个方面：一，对运动员所表现出来的动作技击含义的理解程度、掌握该动作的熟练程度、该动作与比赛势态的关系处理能力，以及是否能够做到瞬间的应急反应；二，散打运动员形成的技击思维网络所涵盖的技击功能是否完整、整个网络是否顺畅、网络对所需战术的使用与战术转换的驾驭能力怎么样，围绕比赛制定的战术中，其所需实施的一系列动作占该动作的权重。

如果所使用的动作具备了上述条件，那么该动作的瞬间思维就具备了在比赛环境中的反应基础。在比赛中的表现，主要体现在势态瞬间出现时，能否提前对势态作出相应的感知，然后，调节自身的身体状态，并准确地完成相应的动作。从反应到整个动作完成的时间必须控制在比赛势态出现到比赛势态结束之间。通常比赛势态的出现就在那么一瞬间，所以必须拥有强大的瞬间思维能力。通常而言，瞬间思维的能力越强，动作的技击阈值越低。那么，运动员在散打比赛中就能发挥出更好的水平。

第二，动作形与法的结合程度。此处的形和法，分别具有特别的含义。形是指动作的形态，法是指动作的运行方法。在散打比赛的对抗中，形是法的载体，而法是形的核心，形是否能将法很准确地表现出来和法是否能正确指导形的实战表现，都直接影响到阈值的高低。

在散打比赛中，根据对手动作的形与法，自己该选用怎样的动作去表达战术，战术的特点需要怎样的动作功能才能够表述，在表述这些战术功能时，怎样合理地使用一些动作，使用时如果出现效果不佳又该用何种动作去替代，同样的动作在不同的技击环节里使用的特点又有哪些区别，当一种势态出现该用哪个动作去把握它，何时用和用何程度该如何把握等，这都是形法配合的具体体现，我们要在训练中逐步地把问题解决。在某种程度上，形与法的配合质量直接影响到阈值的变化。

第三，综合素质的能力。散打技术动作的使用，必须有相应的素质作为支撑，只有拥有一定的综合素质，才能在比赛场上作出正确的动作，而这种素质，基本包括五个能力：①一种心理品质——坚强的意志力和必胜的信念；②两种技能功力——一定的杀伤力与抗击打能力；③三种身体感觉——时间、空间和本体肌肉感觉；④三种快速能力——反应快、决策快和动作速度快；⑤三种思维能力——瞬间应变能力、抗干扰能力和控制能力。当一个散打运动员的这些素质水平越高时，对单个具体动作的阈值降低就越有效，而这些素质中的任何一种在比赛中发生变化，都会直接影响到动作阈值的高低变化。

第四，竞争对手的技击水平。散打比赛是双方的较量，不是一个人的技艺展示。因此，能不能取得比赛的胜利，在一定程度上还取决于对手技击水平的高低。决定一个散打运动员技击水平高低的因素是多方面的，在比赛中双方的对抗是多维立体的，任何一种因素的改变都有可能影响运动员实力的体现。赛场上双方都设法控制或反控制对手，在克制对手优势发挥的同时，使自己的优势能够更好地发挥出来，以争取获得势态控制的主动权。对抗双方的技击水平在此消彼长中不断出现变化，如果对手技击水平高，则必定会抑制我方技术水平的发挥，使得我方动作使用难度加大，原来非常好用的动作现在用起来比较费劲，此时动作的阈值自然会升高，导致动作使用难度加大，即便是用尽全力使用出来也可能达不到预期效果；但如果对方技击水平低，那么使得我方在实战中，动作应用能力就会加强。因此，技击阈值的高低与竞争对手的技击水平成正比，与自身的竞技状态成反比。

（3）散打动作技击阈值的具体体现。在散打中，经过一定程度上的训练，往往能够使动作的阈值降低到远比常人低的程度，而在散打的实战比赛中，运动员所表现出来的动作水平往往能反映出他的动作阈值。做同样的动作，对高水平散打选手而言，其阈值很低，在比赛中就会表现得随心所欲。而对于水平低的选手而言，则恰恰相反，这是初学者不能模仿高水平运动员的原因之一。因此，每个运动员的动作阈值都不一样，要充分理解和挖掘自身和对手的动作阈值，从而为比赛做充分的准备。

通过对散打动作技击阈值的了解和分析，让我们明确了一个动作或一个组合要想在对抗中得到顺利发挥，必须具备相应的使用条件，并且可以为我们在进行分析散打运动时，提供一定理论上的支撑。例如，我们可以通过一场比赛中运动员在擂台上的表现，运用技击阈值理论分析运动员具体动作的使用情况，从而明确场上队员的动作表现好坏的原因所在，对动作的观察能够做到知其然而又知其所以然，并可对过去的训练做一次较客观的剖析。要使队员在擂台上对某些动作的使用达到我们预期的训练水平，可以分析当下队员哪些条件已基本具备，哪些条件还比较欠缺，为我们下一步调整训练计划和训练方法提供明确的、可靠的理论依据。同时又能使过去一些认为较抽象的现象，从技击阈值的角度来分析，使其更具体化，使我们能够对运动员的状态更明晰，为我们提供一个良好的分析依据。因此，了解和认识散打的技击阈值是非常重要的。

（三）散打技击的思维网络

散打技击思维指的就是，在散打对抗过程中，运动员所产生的思维活动。思维是人对事物的间接反映，包括分析与综合、比较与分类、抽象与概括等心智操作过程。因此，散打技击思，就是指运动员根据自己先前的比赛经验，对目前对手的竞赛水平，比赛场上的变化，进行一个综合性的判断、分析、决策的心理过程，具有综合性、立体性、变化性的特点。在散打比赛的对抗中，运动员各自的技击思维都是随着双方共同营造的局面而不断变化的，我们需要对比赛中各种技战术、时空感觉等内容进行综合思考，做到对比赛的统筹兼顾、主次分明、有的放矢，在比赛前首先做到思维上的取胜。

散打比赛中，运动员的思维具有一定的特点，主要表现在，散打场上的形势变化迅速，运动员必须时刻调整自己的思维模式。从时间上而言，要根据比赛进行的时间段不同来调整，例如，战前准备阶段，比赛阶段和赛后阶段都是不一样的。而散打技击思维还要表现出一定的程序性，按照比赛的规则和流程进行，及时调整自己的状态。此外，要建立起散打技击思维的立体性特征，对场上局势做一个清晰的判断，并随时调整自己的思维模式。

1. 散打技击思维网络的作用

比赛中我们常常会发生这样的事，一些平时训练各方面都不错的散打运动员，在比赛中却发挥不佳，捕捉战机的能力与平时训练中大相径庭；而有些平时训练表现一般的队员，到了赛场上却能超水平发挥。在分析一些优秀散打运动员的技术情况时，发现他们在比赛场上的水平发挥总是很平稳，总能很好地发挥自己的技战术水平，且隐蔽性较强，各种技法的配合总能弥补某些方面的不足，可是他们体现出来的动作表象。例如，单独的动作技巧或某方面的身体素质分析，却又没有哪些很特别之处。究竟是怎样的因素在发挥作用，这就是散打技击思维。散打技击思维能够让技击者做到恰到好处地发挥出自己所具备的能力，控制着比赛的节奏，掌握势态发展的主动权。技击思维网络能够保障比赛的思维秩序，是取得比赛的金钥匙。

散打比赛中，除了运动员要具备一定的技战术能力，运动员还必须合理分配自己的体能，此外，运动员还需要承受很大的心理压力，同时要具备根据场上形势变化进行调节的应变能力。怎样才能破坏对手的体力分配，控制对手的心理，掌控比赛的态势，这些在比赛中非常重要，却又很无序的表现，需要有一个统筹的安排。实战中的时效性很强，要求选手在比赛中有效地把握每一个有利于自己的"瞬间"时机，并能够在瞬间做到精确分析、判断、制定决策，并付诸行动，这是一个复杂的技击工程。技击的"瞬间"特性是不允许选手有多余的时间去逻辑推理后再去作判断。如果我们能够在事先训练好所需的这些能力，并把这些功能的关系理顺，让这些功能能够在技击思维网络的统筹安排下，使这些功能处于待发状态，只要相应的势态出现，就会在网络产生相应的反应，让思维控制各种功能与比赛中出现的相应势态建立起对应关系，就如同电路上灯与开关的关系。建立到了技击思维网络，就一定程度上拥有了掌控散打比赛的必杀技。

此外，在技击思维网络的总领下，散打运动员可以最大限度地发挥自己的潜能，降低动作的技击阈值，使自己的动作都能运用得恰到好处。技击思维网络可以对运动员进行宏观的、立体的、全方位的指导，通过这一方式，运动员可以在技战术上表现得游刃有余，从而取得散打比赛的胜利。

2. 散打技击思维网络与其他因素

散打运动是一项复杂的竞技运动，包含着很多对比赛结果可能产生影响的因素。这些因素之间相互作用，共同影响着散打比赛的结果。

（1）身心素质和技术思维网络。散打运动，归根到底是个人与个人之间在身体和心理上的对抗，在对抗中，身心素质越强，就会取得比赛的胜利。身体素质是所有散打运动员的物质基础，离开了身体素质，一切技战术都是没有意义的。身体素质也是技击思维网络稳固性的重要保障，可以让思维保持很好的韧性和强度。而心理素质，是散打运动员的重要素质，好的比赛心态和心理素质，往往能使运动员发挥出自己的技战术水平，当然也能保障技击思维网络的流畅性。

（2）技术与技击思维网络。散打的技术动作是散打比赛的最基本单元，任何复杂的战术、技击目的、技击思想都要建立在这些基础之上，技术构成了战术的基本元素，但这些技术不是简单无序地堆积，而是在思维网络的作用下，有选择、有目的、有联系地组合在一起的。反之，如果没有技术的基础支撑，战术不能够发挥出来，技击思维对整个散打比赛的控制也就不能显现出来。

（3）战术与技击思维网络。战术，是取得散打比赛胜利的关键所在，它是一种关于技术的综合性应用过程，这是需要思维进行指导的。战术本身就是一定的技击思维，而围绕着如何战胜对手的技击思维本身就是战术的初级阶段。每个运动员都拥有自己独特的战术，这些都是技击思维不同形成的，是运动员根据自己的条件和环境所作出的最好结果。散打的战术，从某种程度上而言，就是技击思维网络中的线，当战术发生变化时，思维网络也会随着改变形状，但都会朝着有利于散打对抗能力提升的方向发展。

（4）外界环境与技击思维网络。散打比赛中，往往也会夹杂着一些场外因素的影响，例如，场内观众的数量和喊声、场地设施的环境和条件、外界媒体的渲染和鼓吹等因素，都会对运动员的技击思维网络产生一定程度上的影响，因此，应该训练散打运动员的抗干扰能力，提高比赛表现。

3. 散打技击思维网络的主要表现

衡量一个散打运动员技击思维网络表现的好坏，有多个方面可以考虑：首先，运动员及其对手的综合实力，主要包括身体素质，技战术水平的高低，这些都会对技击思维网络在场上的表现产生一定的影响；其次思维网络的稳固性是衡量其表现的重要一点；最后，一定要注意思维的整体性，从整体上布局技击思维网络，对场上局势有一个整体性把握。

总而言之，对于散打运动员而言，具有一个体系完善的技击思维网络是非常有必要的，一张稳固的、有序的、顺畅的技击思维网络，是散打运动员取得成绩的保障。因此，在平时的训练和比赛中，注意培养运动员的技击思维网络是非常重要的。

（四）散打的攻防对抗分析

1. 散打攻防的整体观

散打运动，作为武术的一种表现形式，无不展现着其特性。整体观是武术的特征之一，因此，整体观在散打中也充分体现着，其主要的整体观表现在以下方面。

（1）散打攻防整体观的主要内容。

第一，就散打的技击结构而言，踢、打、摔、拿是构成技击对抗的基本元素。而这些元素在对抗中的关系是不可分割、相互关联的。每一种技法都是对抗整体中的一个重要组成部分，它们的存在不能脱离整体而以游离的形式单独存在。

第二，在散打运动中，就散打攻防技法的基本结构而言，表现攻防的技法应该具备攻中有防或防中有攻的攻防同体特性，这就是攻防兼顾的具体表现；同时，又表现在各个维持技击活动的基本元素中。换言之，表现在攻防对抗中的力点、轨迹、平衡、协调、距离、角度、时空，可看作由在对抗中的阴阳一气所化，它们在这一过程中，相互转化，分布、运行于动作之中，这种动作在攻防形态上的同一性，保证了散打动作技击阴阳的统一性。

第三，就散打的身体机能活动而言，技击动作的物理结构和技击含义的统一性，决定了散打动作攻防机能的统一性，使对抗中各种不同动作的攻防机能相互作用，协调配合，表现出"和实生物，同则不继"的特性。机体所能够展现出来的任何动作，都有其不同的功能，这些功能满足对抗的各种要求，而这些不同的功能又是技击者整体机能活动的组成部分。人体各个组成部分之间，在结构上是不可分割的，在生理上是相互联系、相互制约的，在功能上是相互影响的。身体整体统一性的形成把全身组织器官有机联系起来，构成一个表里如一、上下沟通、密切联系、协调共济、井然有序的统一整体，并且通过精、气、神的作用来完成机体统一的机能活动。

（2）散打攻防整体观的意义。

第一，散打的具体技法是在整体观的指导下，把人体的基本动作协调配合，把身体各部位的功能调动起来。散打中的动作就是在技击思维的指导下，把每个动作都组织起来，维持其场上的动态平衡。在比赛过程中，散打的技法是随时变化的，只有从整体思维出发，才能更好地了解动作变化的规律，并用整体的观念来指挥下一步的动作。

第二，在散打比赛中，两者之间的对抗是不断变化和发展的，只有把握局部和整体的辩证统一，才能形成正确的判断。此外，散打比赛的环境也会影响运动员的发挥，因此，必须注意从整体上考虑消除环境带来的不利影响，完善自己的散打技术，从而取得比赛的胜利。

　　散打比赛的技法使用，是一个受多方因素约束的有机整体，局部和整体之间保持着相互制约、相互协调的关系。因此，在散打比赛中，必须注重对整体环境的把握，在整体观念下指导散打技击和攻防对抗的各个环节。

2. 散打攻防恒动技击观

　　从唯物主义哲学观的角度而言，一切物质都是运动的，运动是绝对的，静止是相对的。从技击学角度讲，技击具有运动的属性，是不断运动和变化着的。散打对抗就是对抗双方通过攻与防的形式相互作用，并且对抗的效果在不断变化和发展着，最终产生对抗的结果，即比赛的结果。因此，必须从发展和变化的观点来看对抗中的散打，它是恒动变化的。

3. 散打攻防的均衡观

　　散打攻防的均衡观，指的是在散打比赛中，运动员在体能、心理智能、技战术、外界环境等因素的影响下，使自己处于一个平衡的赛场状态。这种均衡观的拥有和保持，对散打运动员发挥自己的水平，掌控比赛的场上形势非常关键，是取得比赛的法宝。

4. 散打攻防中的时速

　　随着散打运动的不断发展，人们对散打动作的认识不再只停留在表面，而是从更深层去认识它，把握它，进而应用它，这里的时速是指，散打攻防中动作的快慢程度。在比赛场上，散打的时速是根据双方的交战情况而发生变化的，运动员要根据自己的技术动作和战术计划，来不断调整自己动作的快慢程度，提高动作的准确性和成功率。

5. 散打攻防战术特点

　　首先，要注意在攻防中的时间差距，在比赛过程中，如果能抓住比赛中的进攻时机，把握对手在一瞬间的防守漏洞，就会取得良好的效果，而具体的时间如何把握，需要运动员在比赛中去观察、去寻找，比如当对方体力下降的时候，就可以抢先抓住机会，击中对手。其次，攻防的距离，是每个散打运动员必须掌握的一个技术，保持合理的距离，有利于进行进攻和防守，距离对手太近或太远都不容易击中对手。要有意识地通过移动步伐、虚晃身体，主动调整自己的距离，从而使自己处于比赛的有利位置，进行攻防上的转换。最后，要善于抓住比赛中的空当，抓住时机进攻。在散打比赛中，要多利用战术的搭配，例如，进行抢攻，佯攻，防守反击等，从而迷惑对手，达到一定的比赛目的。灵活地运用和掌握散打战术中的特点，可以为比赛带来很大的帮助，帮助散打运动员更好地赢得比赛。

6. 散打攻防意识的培养

（1）攻防意识的重要性。在散打比赛中，"攻防意识"具有不可替代的地位，而且在比赛过程中每个细节都需要这种意识，运动员所拥有的技术、斗志以及战术谋略在运用过程中都会受到这种意识的影响。散打比赛过程中，比赛形势变幻莫测，运动员的动作与姿势以及身体所处的位置都在发生不断的变化，而且变化很快，留给运动员考虑的时间非常有限，因此，这就要求运动员必须拥有良好的意识反应。意识反应越好越快，只有这样才能将对手的战术意图提前识破，进而采取应对的战术策略。一旦犹豫不决，就会失势，必然受到对手的制约。因此，散打运动员一定要重视"攻防意识"的培养，要善于用"攻防意识"来不断提升自己。当场上出现以下一系列情况，例如，对手顽强抵抗，自身处于被攻击或威胁的状态下时，能够启动自己的攻防意识按钮，准确、及时地将敌人要运用的战术提前识破，更好地完成"打点"，并针对对手的重要部位进行打击，充分发挥攻防意识的作用。

例如，在散打实战过程中，身为防守的一方如果一直被对手攻击，而明显处于下风的情况下，就需要充分发挥攻防意识的作用，积极主动地找准破绽，实现一击即中的目的，从而打击对手，降低威胁，将自己逐渐从劣势转化为优势。任何一名优秀的散打运动员，他们在使用攻防动作或制定攻防战术的时候，都需要利用自己的意识来支配和调整，注意控制比赛节奏，有快有慢。散打攻防意识中的攻防是相互联系、相互转化的，在散打实战过程中，随机应变显得非常重要，防的同时要意识到攻，攻中也必须要带有防。当运动员体力与技术相差的不多时，这时候意识运用就显得非常重要了，攻防意识的高低决定了比赛的结果。因此散打运动员一定要注意对攻防意识的培养和锻炼，从而增强自己散打的整体水平。

（2）攻防意识的培养途径。

第一，增强身心素质。散打运动员只有拥有良好的身心素质，才能在比赛的攻防过程中不断发挥自己的技战术水平，逐渐建立起攻防的意识。一名优秀的散打运动员往往具有良好的速度、力量、耐力、柔韧等身体素质，为进攻和防守打好最基本的身体基础；同时他们的心理素质也往往很强大，在场上面对落后的局面或者处于被动局面时，往往能积极面对，勇于克服困难，进而战胜对手。

第二，提高自己的技战术水平。攻防意识是建立在攻防战术的基础之上的，散打运动员只有不断提高自己的技术和战术水平，充实自己的技战术思想，才能不断构建起自己的攻防意识。攻防意识是在不断的技术和战术训练中，强化后内化成思维模式的，拥有了良好的技战术水平和攻防意识，可以为赢得比赛奠定坚实的基础。

第三，攻防意识技能的强化。

一是，增强运动员的判断力。判断力，是指人们对事物的分析和决断能力。在散打比赛中，判断力发挥着重要的作用。运动员在比赛中判断的准确度，决定散打实战中的技术特色，它包括了技术的准确度、速度、狠度、变度。具体而言，若要充分发挥技术的作用，就要作出准确且及时的判断，因此，散打运动员要重视判断的准确度，在这个基础上发挥自己的技战术。一名优秀的散打运动员应该保持敏锐的观察度和洞察力，不断提高判断的准确性。散打运动员需要在比赛场上用心去感受、去判断、去领悟对手的战术意识，为自己下一步动作以及场上局势作出应有的判断，进而取得胜利。

二是，提高运动员的应变能力。应变能力，是指人们在事物发生一定变化时，所作出的应对。具体而言，就是当外界环境、条件、对手等发生变化时，能够及时采取措施迅速加以应对的能力。在散打的比赛场上，比赛情况千变万化，运动员需要根据场上情况，调整自己的技战术，不要过于机械，完全按照自己或教练的赛前部署参加比赛，而是要善于掌握整场比赛的变化情况，灵活地采取相应的技术进行对抗，让对手不能轻易地察觉到你的战术意图，从而进行有效的攻防。

三是，提升运动员的预测能力。在竞技体育赛场上，对竞争对手可能作出的动作，对赛场上可能出现的变化如果能有一个提前的预测能力，那么对运动员采取的下一步动作和技战术上的安排会有很大的帮助。散打运动也不例外，散打比赛场上瞬息万变，运动员如果能够准确地预测场上对手的下一个技术动作或者可能采取的战术，那么他就能借力打力，抓住比赛的势头变化，从而战胜对手。

7. 散打攻防战术的创新

随着散打运动的不断发展，散打攻防战术实践中不断被创新，散打运动员应该不断根据自己的技术，并结合在训练中总结的心得体会，观看优秀运动员的赛事录像，作好笔记，对散打的攻防战术做一个全面的认识和了解，进行系统的梳理，最后进行一定程度上的创新。现代散打战术已经出现了全面、巧妙、变化、主动、奇异的特点。因此，在散打的攻防训练中，一定要注意对相关技战术的总结和创新，才能在比赛中取得胜利。

（五）散打的对抗姿态变化规律

散打对抗姿态，指的是在散打对抗中所表现出来的对抗形势及状态。其表现形式主要包括基础姿态和隐现姿态两种。

1. 散打对抗中的基础姿态

（1）散打对抗中基础姿态的第一个环节。第一个环节指的是双方由无效距离到有效距离的过程。双方的攻防从对峙到起动再到肢体接触前的一瞬间皆未处在阴阳的相对均衡状态，此时的均衡内隐藏着双方审视、把握时机的能力与技术动作技击阈值变化等因素的比拼，但双方在这些因素中的质量是隐形的、不均衡的。由此造成的切入时的姿态将直接影响到双方在第二环节的主动与被动。要把握第一环节的势态，必须很好地了解此时的时机会如何产生，其中的势态又如何变化，采取主动进攻的方式去把握对手预备式里隐藏着的、相对"静"态的时机；或是等对手先出动作再针对对手的动作特点进行防守反击，到防反中去把握对手"动"态中的时机。

从散打运动的特点来看，当双方都已进入危险距离的全面对抗时，双方此时都表现出很难束缚对手进攻动作的状态。尤其是脱打的对抗形式，要做到对对手的每一个进攻动作都能够一对一地全面防守，在脱打形式中普遍存在有难度，而缠打的技法表现形式在散打项目中普遍在规则上受到限制，导致在此环节与此势态中的技战术发展出现了"脱打"形式独打的现象。一般而言，在第一个环节中明显表现出对抗中攻防姿态上的不均衡，赛场上趋利避凶的心理迫使出现攻防两类技法的阳盛阴衰状态，即普遍表现出防守跟不上进攻节奏的现象。因此，此时双方的对攻状态很自然地表现出进攻的频率远大于防守使用率的现象。

（2）散打对抗中基础姿态的第二个环节。

第一，一方进攻，另一方防守的姿态。进攻方通常会设法让自己的进攻转变成优势，迫使对手的防守阻止不了反击，这样第二环节的优势就会被进攻方延续下去，迫使处在被动局面的对手不能够结束对抗，以达到主动者更主动、被动者更被动，直到达到进攻方的技击目的为止。而防守方在对手的进攻下则必须力求做到防守严密，并在此稳住阵脚基础上争取快速地组织反击，如果做不到防反也要争取把对抗快速带入第三环节，以便结束此姿态下的对抗使自己尽快摆脱被动局面。通常在此阶段都采取或脱离到无效距离，或设法阻止对手进攻让对抗无法进行下去，以达到保护自己的最基本的技击要求。

第二，双方都处于进攻姿态时，此时在双方进攻动作的作用下，双方的防守能力都相对薄弱。此对抗状态是极易产生动作与动作间的犬齿交错，其结果是双方动作交织在一起，相互牵制，导致双方都难继续动作；或对攻时出现一方被动而迫使被动方快速地进入第三环节而结束对抗，这种姿态下的对攻，表现出具有更大优势的一方往往具备更强的威慑力，更能够把杀伤力与抗击打快速地转换成技击效果，这与技击者的基础素质有很大的关系。

第三，双方都处于防守姿态时，此时，双方都使不出有效的进攻动作，双方的技法重点便都放在尽力控制对手的动作运行上，导致此时的对抗都很难进行下去，形式上出现了缠抱现象。

（3）散打对抗中基础姿态的第三个环节。进入场上对抗的第三个环节后，双方的技术在强势与弱势的度上会出现不同程度的差异，导致双方此时对抗的感受不同。表现强势的一方要将第二环节继续进行下去，而弱势的一方希望尽快结束对抗以减少被动或损失，所以在环节的界定时第二环节与三环节的界定是有差别的，其发展方向完全是根据对抗双方在此时对势态的驾驭能力而确定。在第二环节出现上述情况时，一方有能力脱离到无效距离，一方缠抱而另一方又无法解脱，或一方已没有能力再组织有效进攻而导致相互缠抱，使得比赛难以维持下去，此时场上的裁判员必须根据《武术散打（散手）竞赛规则》的要求喊"停"，人为地迫使对抗结束而完成第三环节。

通过上述三个环节的分析，我们可以发现散打比赛之所以产生比赛不流畅、技法不连贯的现象，都是因为场上对抗姿态的变化引起的，这些现象的出现，对散打项目的发展是不利的，我们必须想办法解决这个顽疾。

2. 散打对抗中的隐现姿态

隐现势态是对抗中双方具体动作相互作用、相互制约的结果，是双方共同营造出来的。双方动作的功能相互制约处于不断的变化之中，使得势态的变化无法由哪一方独自来决定。势态的发展结果与对抗双方在技术动作、功力、抗击打、平衡能力等许多方面表现出来的能力直接相关，对抗中的任何一个因素都有可能会改变姿态的发展方向。

以后手冲拳为例，甲方在第一环节运用后手冲拳强攻切入，势必使乙方作出相应的反应。或者进行防守反击，或者下潜抱摔，或者因为乙方准备不充分采用退步躲闪等应对方式，都是乙方处理甲方后手冲拳可供选择的技术手段，选择其中任何一种技术手段都会产生不同形式的对抗姿态。例如，在进行防守反击时，必须保持中距离防反技法的使用空间，这是双方第二环节中拳法对攻的最佳距离。而选择最佳的切入点与切入动作，如选用前脚侧踹，这样就会使对抗的势态朝更加立体化方向发展。如果能够很好地把握与利用好隐现势态是直接关系到对抗结果的核心问题。

二、散打技法的相关原理解析

（一）散打技击对抗中的状态分析

1．自由状态

对抗双方都身处安全距离（也称无效距离）或在比赛中裁判员喊"停"至"开始"之间的休息时间段里。在这个无效距离内，任何一方的单个动作都不可能作出对对手有直接威胁的进攻；规则规定裁判未喊"开始"的这个时间段内，不允许任何一方有进攻动作。表现在此状态下，对抗双方的动作均为"自由"的，均可没有任何技术方面的规范，所以该阶段没必要反映技法的攻防功能。自由状态表现出以下特征。

对抗双方都身处安全距离（也称无效距离），在这个距离对抗双方中，任何一方使用单个动作都不可能直接作出对对手有威胁的进攻。由于对抗双方都处在相对的安全之中，所以在这个距离的对抗双方都能够积极主动地、不受威胁地调节自己的身体状态，例如，按自己的方式调节动作、体能或心态。当然对抗双方在此时最需要做的还是总结上一回合交手时的机体感受、技法使用以及得与失，同时又会根据以往的经验与理论的推理对下一回合交手进行相应的感觉或思考，更需要仔细察觉对手的动作与心态表现，并做到明察秋毫。通过这些机体的感性体会与理性的思考后自己可逐步明确即将交手的突破口，并针对已确定的突破口进行这个回合交手前有针对性的战术设计。

当具备详细的战术设计后，就需要运用适宜的技法在突破口寻求实施，这个时间段能够围绕刚刚设计的手段展开战术方面的实施性调节。由开始的自由状态逐步过渡到调节状态，能够相对顺畅地进入双方互相对峙的局面。当身体的状态调整到足以应对这一次交手的感觉时，只要对抗双方中的任何一方调节状态完成即可随时进入交手状态，对峙的任何一方先发动进攻就意味着双方的调节状态已经结束，即使另一方仍然处在实际中的动作调整状态，但对抗的总进程已经处在交手状态。

2. 调节状态

在比赛中裁判员喊"开始"后的时间里，双方开始全面进入对抗状态。当顺利做完自由状态的调整工作之后，为真正实施自身设想的技法，要循序渐进地调整技法方面的详细要求。调整状态中除心理方面接受对抗压力之外，动作方面同样表现出目标鲜明的自我调节，就是把运用技法所需的距离、角度、动作姿态以及动作感觉调整为最佳状态，并由此捕捉对方显现出来并能够加以利用的战机。当时机出现时马上完成第一环节的切入，表现在同步捕捉作出进攻或防范动作，第一环节开始的瞬间意味着调节状态结束。调节状态表现出如下特点。

在对峙的调节状态中，完成自由状态的调整后，要想实施自身设想的战术，需要逐步调整实施战术方面的技法要求，该项调整不仅反映在时空方面有形的技法要求，也反映在承受心理方面无形的博弈压力，这个时间段必须彻底战胜自身的胆怯心理，尽全力把注意力都投入到对抗过程中。技击者需要将自身带入不存在得失和胜负的境界中，原因在于运用技击必须将自身机体当成技法的具体表现物，如此方可充分调动自己使用技法需要的所有。在"忘我"境界的基础上，就能够很好地去捕捉对手表现出来且能够为我所用的时机，这种时机可以是直接的，也可以是潜在的，对手可能采取哪些技、战术，对手具备了对"我"有威慑的能力主要表现在哪些方面，同时对手的弱点又"隐藏"在何处。当这些情况自己都了如指掌时，下面需要的就是根据对动作的调整、对势态的感觉和切入的欲望去把握时机，让对峙时的无形优势化作自己切入时的强势表现。

在有效"诱导"各项因素的情况下，尽可能改善自身的技击水平，从而更加深入地挖掘自身在技击方面的潜能，以此为基础条件就可以比较顺畅地理清自身的技击思维网络，如此方可明晰自身应当运用的战术、完成特定战术需要运用哪些技术动作来支撑、需要怎样有效把握这个时间段内的实施时机与挖掘动作的动力。此间，时机在出现的瞬间只要被对峙的任何一方抓住，对峙的调节状态就自然结束。为把握这瞬间的时机，对峙双方采用切入的形式，当切入动作开始启动时交手也就开始了。

3．交手状态

双方完成实质性对抗的时间段，就是交手状态。交手状态的具体反映是比赛对抗中第一环节开始至裁判员喊"停"之间的时间段，这个时间段不仅是实施技术和战术的时间段，还能有效检验前面设想的合理性、实施顺畅与否、表现能力的实际情况、实际素质和技术需求以及战术需求的差距，这属于整体实力的全方位较量。

（1）交手状态的特征。在攻防得失的交手状态中，这个时间段是整体实力的多方位较量。从整体而言，交手状态是一个相当庞杂的体系，从对抗中依据时间顺序的势态来分析其特征，其势态特征大体反映在以下方面。

第一，由无效距离至有效距离双方机体开始接触。

第二，机体接触后必然会展开全面博弈，这属于对抗的综合实力的详细反映，该阶段的势态变化存在自身的变化规律。

第三，经过双方博弈之后，双方一定会有不同的感受，同时会按照势态情况出现更贴合实际的要求，这时双方会对势态产生不同的态度，双方在势态变化方面会发挥出不同程度的影响。

（2）交手状态的三个环节。我们可以把交手势态的特点按照时间顺序划分出三个相应的环节。因此，我们就可以把双方交手时的技击结构看成是由三个环节共同组成。

第一，三环结构分析。技击结构的三个环节，简称三环论。三个环节就是每次完整的对抗过程，即将势态特征根据时间分类之后，人为地把全过程划分成三个环节或三个小部分。通过分析对抗的结构来更加清晰地观察与分析对抗中的技术运行规律。对技击规律有了根本性的了解，就能够更加直观、系统地深入到技击对抗的结构内部去分析、去把握对抗势态变化的原因，了解这些，对我们今后的学习、训练与技法运用都会起到巨大的促进作用。通过三环论的学习，将会对技击认识的提高有着巨大的现实意义。

需要注意的是，包括散打技击在内的所有事物都有存在形式。不管是哪种对抗，对抗双方都以通过制服对手和保护自己来实现技击目标。对抗双方都会努力抓住掌握当下势态的主动权，结合势态需要来运用自身可以使用的动作（技法）来拼打，由此控制好对抗势态的主动权，在相互争夺的博弈过程中构成双方的多次交手。在多次接触中，双方的目标都是实现需要的技击效果运用不同的技术和战术，在对抗过程中双方会自觉或不自觉地重复对抗中的有关环节。

就三环论而言，就是将技击对抗的时间当成主轴，人为地将每次完整的对抗接触划分成三个环节，各个环节共同组成了每次对抗的整个过程，环环相扣，由此成为有机的对抗总体。通过三环论可以促使我们清晰掌握技击技法的运行，由此可以在技击活动中更加主动地遵守散打技击的内在规律，同时以技击规律为依据对我们的技击实践活动发挥指导性作用。

第二，交手状态三个环节的相关概念。为深度剖析技击对抗中技法的运行特点，需要掌握下列和技击相关的基本概念。

距离：攻防双方所在位置之间的间距。

角度：进攻方向与进攻目标形成的一条直线，和击点与进攻目标形成的另一条直线形成的夹角。

距离：分为有效距离与无效距离。

有效距离：是指对抗过程中能够运用单个动作直接产生技击效果的距离。有效距离又可分为远距离、中距离、近距离。远距离，对峙过程中，双方通过快速移动出击动作，并能够击中目标的间隔距离。中距离，对抗中对抗双方不用移动脚步就具备击中对手的间隔距离。近距离，在对抗中双方能够使用贴身靠、摔、打与擒拿技术的距离。

无效距离：对峙时不能直接应用动作进攻到对手的距离。

距离感：指对抗中，技击者对所用动作所需最佳距离的感觉与判断。

角度感：指在对抗中对使用动作产生最佳击打角度的感知。

角度差：指攻防动作偏离目标的差数或同样的彼此角度所产生的不同感受。

时间差：指攻防双方完成相关攻防动作所用的时间差数。

距离差：指对峙时，双方在相同距离的前提下彼此产生不同的距离感觉。

第三，交手状态三个环节的调节。对峙双方调整自身需要的距离和角度的位置，就是调节。在对抗中，不管是哪种动作想要获得充分发挥，均要尽可能满足动作需要的时空条件。由于动作的技击价值是相对于特定时空来说的，所以对抗过程中要想运用某项技战术不得不在时空方面加以调节，倘若调节至动作需要的时空，则动作的功能也会随之发挥出来，以上就是双方交手前存在一个调节过程的具体原因，该过程中还是对抗中对峙双方在调节状态中最关键的任务。

在特定的技击环节中运用技法时，要想让全部动作都能在运行过程取得理想效果，一定要达到所用动作提出的时空要求。在相互控制及反控制的博弈中，双方都会有这种心态，即尽可能保证自身处在"顺"的势态中进行对抗，却希望对手处在"背"的势态中与自己交手。为了达成这个目的，就需要在对抗中不断地为动作具备更好的使用氛围进行调节，以达到势态对己有利的效果，有利于动作在环节中发挥出更大的作用，这些都依赖技击者的调节能力。

对抗的环节是在"调节—交手—再调节—再交手……"中不断地循环往复的过程进行着，直至达到技击目的或比赛结束才终止。调节是环节内对抗的重要组成，具体有三种形式：①己方调节，自己主动调整距离与角度以获得自己所需要的位置；②彼方调节，对手主动调整他自己所需要的距离与角度时，同时也出现了己方需要的位置；③双方调节，双方共同调整距离与角度，以争取只达到自己所需位置的调节。

第四，交手状态三个环节的攻防特点。攻防中的每个环节都各有特点，下面就各个环节的运行方式与技法要求进行分析。

第一环节的重要目的是切入，如此才能让对抗双方由无效距离逐步过渡到有效距离构成对抗，同时为之后的环节创造出所需的氛围，调整距离和调整角度两种方式都可以使用，在技击思维网的控制下采取适宜的技法，努力实现破除对方防守、平衡或直接得点的目标，努力占据主动并尽可能保护自身，为之后的环节打下坚实基础。第一环节要求技击者做到：步子移动（调整）到位、反应速度快、动作启动快、目标明确、判断准确、动作迅速协调、技击思维清晰。第一环节的切入形式有主动切入、自然切入及被动切入。

第二环节的重要目的是对攻，同时在对攻过程中分析双方控制势态能力的具体情况，是经过第一环节的接触进入第二环节的全方位较量过程。因此，技击双方都需要有全方位的攻防技巧，动作表现应当具备一定的杀伤力、抗击打能力以及体力。就第二环节而言，不仅是整个过程的攻坚阶段，还是整体实力的全方位较量。第二环节的对攻形式有主攻、主防、攻防兼备。

第三环节的重要目的是结束对抗，从而再次调整，由此进入下次对抗。第三环节的要求是技击者要具备较强的时空感、步法移动能力、平衡能力。第三环节的结束形式包括自然终止、接触终止、闪躲终止。

此外，还需要注意的是赛场情况。赛场的状况往往瞬息万变，对于双方的所有接触而言，尽管都存在自身的技击思维中选用的技法与战术不可能彻底一致，但对抗中的三个环节同样不可能每次都完整出现。当一方擅长摔，只要摔成功，就是第三环节动作，即结束对抗，因为规则要求在此状态下裁判员必须喊"停"。

对抗时三种状态一般都按照自由状态、调节状态与交手状态的顺序进行着。但有时双方对抗的激烈程度加大、节奏加快，在对抗中的自由状态明显会减少甚至会被忽略，随着激烈程度的进一步加大，调整状态也会受到影响。例如，比赛中一方为了追分，或因战术需要，加大技击效果，就会迫使双方在高密度、高强度中进行对抗，此时的对抗就会导致调节状态的时间明显减少。

对于交手状态而言，三个环节之间的状态发展往往把时间当成主轴，对抗的全过程由三个环节协同完成，但对抗的三个环节反映出来的状况是不同的，环节中经常出现前面环节替代后面环节的情况，同样组成一次完整的对抗形式。

（二）散打的技法原理与技术要求

1. 散打的技法原理

武术散打的技法简称"技法"，具体是指动作的技术方法。就武术散打的技法原理而言，不但是技术形成、技术分析、技术研究、技术运用的理论依据，而且是判断技术合理性与有效性的重要标准。因为历史因素的作影响，我国很长时间内都未能开展对抗形式的运动项目，武术往往是借助套路的形式反映出来。尽管武术的发展历程源远流长并累积了很多人体格斗的技法，但武术套路"说招"和"练招"已经对武术产生了根深蒂固的影响。与此同时，武术技法已经朝着技击含义、技击艺术以及技击功力的方向异化，而人们面对这些已经异化的武术技法的态度是觉得其技击作用已经达到很高的程度。

武术散打先要解决的问题是在庞大的武术套路技击方法中，判断哪些动作是具有技击效果的方法，哪些动作是能够直接用于人体徒手格斗的方法，这些必须通过人体对抗实践的检验来鉴别。另外，要解决的问题是必须通过正确的理论认识，来更正人们对传统武术技击方法存在的一些误解，只有符合技法原理，经过实践检验的动作，才能够被纳入武术散打的技术体系中。武术散打的技法原理涉及四个方面的内容。

（1）技术符合运动生物力学原理。多年以来，武术散打运动开展的主要精力放在比赛形式、竞赛规则、裁判方法的研究上，武术散打技术还处在随意发展阶段。即使相同技法动作的技术规格，如果拳种不同则其具体要求也会随之改变，部分经常运用的动作，从外部表现来分析存在的不同微乎其微，但对技术结构、技术环节、技术细节的理解存在着很多不同。任何一个技法动作最合理的基本技术只有一种，在众说纷纭之中，对动作合理性、有效性的正确判断，首先要看是否符合运动生物力学的原理。

运动生物力学原理在武术散打技术中主要表现在力量、力点、合力、顺力、作用力、反作用力、支点、力矩等方面。但对于武术散打来说，要想顺利击中并摔倒对方，必须从多方位考虑并分析不同的力学要素。

通过人体运动生物学的原理，就蹬腿动作展开简明的技术分析。蹬腿合理技术规范的要点是：尚未出腿时，大腿与小腿应当努力回收折叠，向大腿推动小腿发力提供便利，力点应当在脚弓上，这样有助于朝击打目标直线运行；同时支撑腿与躯干应当处在一条直线上，这种姿势其力量、力点、合力、顺力、力矩、作用力和承受反作用力的能力，以及攻击不同距离目标的动作调节能力均处于最佳状态。

（2）技术符合时间、空间原理。不管是武术散打中的拳打腿踢，还是武术散打中的击摔交加，判断胜负的重要标准是明显击中与摔倒对方的具体得分。如果想要在彼此攻防的激烈搏斗中快速击中对方和摔倒对方，技术一定要和时间、空间原理相符合。时间、空间原理是指动作的速度、速率、路线、轨迹、幅度、角度、方向、位置等。武术套路中有很多动作技击方法的传统解说不符合真打实摔所需要的时间、空间要求。但是，这样并不意味着要全面否定武术套路拥有的技击精华，取其精华并非完全照搬武术套路动作的形式、内容以及方式。武术散打就是不同武术流派套路技击动作的全面使用，应当选择武术套路中存在实战功能并和运动要素原理相适宜的适用部分。

（3）技术符合相生相克原理。武术散打中的任何技法都不是万能的，既然能够用于主动进攻，又能够被对方防守或反击，双方运动员都可以主动进攻，也可以防守反击。武术散打技法既然是相生相克的，反映到动作的技术上，同一动作姿势状态的技术要求，既要有利于进攻，又要有利于防守和反击。例如，预备法是发出全部动作的起点，姿势状态合理程度不仅要顾及发出进攻动作，也要顾及发出防守动作或反击动作，预备法的技术一定要处在最适宜的机动状态。又如，冲拳时上体前倾，单纯地从进攻角度来看，可以加大力矩和力量，符合人体运动生物力学原理和运动要素原理，但进攻动作发出以后，如果没有击中对方，对方肯定会防守或反击，这样进攻动作从被反击的角度来看，冲拳时上体超过了身体重心的垂直线，对方闪躲后使用摔法"顺手牵羊"就比较省力。由此可知，不要单方面考虑采用哪种方式来进攻对方，还要将被对方反击考虑在内。冲拳姿势状态一定要满足稳固身体重心的基础条件，实现方式包括依靠身体总体合力以及上体的顺肩。

在对动作与技术训练展开分析的过程中，教练员与运动员常常会更加重视如何完成动作才会对攻击对方产生积极作用，但常常会忽视对方能够防守与反击所有动作。因此，教练员与运动员在分析动作与展开技术训练的过程中，必须始终遵循攻防兼顾的原则。

（3）技术符合竞赛规则原理。武术散打的竞赛规则，不仅是指导技术发展的准绳，还是规范竞赛行为的准绳，也是判断运动员输赢的准绳。对于武术散打的技法而言，不仅要符合以上三项原理，还要充分符合竞赛规则的原理，其决定性原因是武术散打的体育竞赛性质。技术符合竞赛规则原理通常反映在以下方面。

第一，从禁击部位来讲，后脑、颈部、裆部是禁止攻击的部位。武术中的有些技法可以根据竞赛规则的要求加以改变，例如，武术弹腿主要是用来攻击对方裆部的技法，由于裆部是禁击部位，武术散打中的弹腿变成了"鞭腿"。武术散打竞赛规则不但改变了弹腿的基本技术，而且弥补了武术少有侧面腿法攻击对手的缺陷。

第二，立足于使用手段来分析，武术散打竞赛规则中明确指出，严禁使用头部、肘部、膝部以及反关节的动作。不管以上手段的使用价值是否理想，均需要严格遵循竞赛规则，但以上技法在比赛中坚决不可以使用。武术散打技法的合理程度与有效程度提出的一项基础性要求是必须遵循武术散打竞赛规则。

第三，立足于攻击部位的角度来分析，很长时间以来武术技法都高度重视击打要害，攻击背部、臀部、下肢的方法却比较有限。但是武术散打竞赛规则规定，除上肢部位以及禁击部位之外，任何非要害部位都属于可攻击部位。所以在运用武术散打技术的过程中，应当以竞赛规则的要求作为依据，创造出一些崭新的用法，进而有效扩大武术散打技法的内容。

综上所述，运动生物力学、时间、空间、相生相克原理和竞赛规则，是共同支撑武术散打技术合理性和有效性的理论基础。武术散打任何动作技术规范的形成，对运动员掌握动作情况的技术分析，对各种招法使用的技术研究，都必须遵循武术散打技法的原理。运动员的动作符合原理综合性要求的姿势状态，就是武术散打动作基本技术合理性、有效性的具体体现。

2. 散打的技术要求

（1）动作速度快。动作由起点开始启动，空中运行至击中目标，尽可能用最短时间完成的技术要求，即动作速度快。要想保障动作速度快，运动员必须在动作速度、反应速度以及位移速度三方面达到相应的要求。

"快打慢"是武术散打技法运用的一个基本规律。动作只有快速地出击，快速地运行，快速地抵达进攻的部位，才能达到"先发先至"或"后发先至"的效果。反应速度快是指从观察、注意、思维、记忆到发出动作的时间短，必须依靠动作反射能力来实现。位移速度快是指运动员的身体姿势状态，尽快移动到发出技法所需要的方向、距离、角度，为主动进攻或防守反击提供条件。

（2）动作力量大。就技法产生作用力强度的技术要求来说，动作力量大是其中一项。动作力量大是对技法产生作用力强度的技术要求。不管是"灵打巧取"，还是"以巧制力"，都是我国武术散打运动的重要精髓。如果不能立足于多个方面来追求功力，则难以掌握和武术散打相关的各种技法。在对武术散打的技法加以运用的过程中，动作作用力同样要达到击中的标准。巧与力各有各的作用，它们是统一的。武术散打动作需要力量，在技术上要求其根在脚，转换于髋腰，达于拳脚，充分发挥自身的整体合力。在力的表现形式上，要求爆发力和合力，不要偏力和僵力。

（3）动作力点长。就拳法动作与腿法动作具备伸展性的技术要求，即动作力点长。动作力点长反映了人体运动的生物力学特点，某个进攻型动作在重心与支点处于稳固状态的基础条件下，以各种动作的需求作为依据，拳法参与活动的肩关节、腿法参与活动的髋关节以及其他的各个关节尽量伸展，向前协调运动，这样既可以扩大自己火力点的射程范围，增加对方发出反击动作的难度，还可以加大肌肉的工作距离从而增加动作力量。在技术训练过程中，不管是做空击练习，还是做击打沙包、手靶、脚靶练习，动作都要求放长击远，形成良好的动力定型。

（4）动作用力准。运动员完成动作的过程中，参与工作的肌肉收缩一定要达到协调准确的技术要求，即动作发力准。不管是武术散打中的哪类动作，均是把骨骼当成杠杆，将肌肉当成动力来完成的，力量源自肌肉质量以及工作形式。当动作不同时，则肌肉群参与做功同样不同，以肌肉做功的性质为划分依据能够分成主动肌、协同肌以及被动肌，需要用力和不需要用力的肌肉准确承担自身职责，才能够达到协调而准确的要求。为了恢复和积蓄肌肉的能量，运动员在没有发出招法时，一定要保持肌肉的适度放松，便于血液流通和循环。无论在任何情况下，都不要过度紧张，因为这样容易引起肌肉僵硬，使肌肉的收缩力下降。

（5）动作重心稳。在完成动作的过程中，运动员身体姿势状态维持稳定性的技术要求，就是动作重心稳。在对抗比赛中，要想维持身体稳定，一定要将以下方面的影响因素考虑在内。

第一，作用力和反作用力，动作发出的作用力越大，反作用力越大，身体的重心如果不稳定，就不利于控制反作用力。

第二，动作击中对方后会遇到阻力，从而会破坏自己的身体平衡。因此，必须迅速调节姿势状态和稳固重心，为发起下一个进攻或防守动作做准备。

第三，武术散打技术有动作"力点长""力量重"的技术要求，但必须在保持身体重心稳固的前提下进行，尽量避免身体重心偏移垂直轴的现象。

（6）动作无预兆。在尚未发出技法动作前，不存在附加动作等预兆及迹象，当达到隐蔽性和突发性的技术要求时，就是动作无预兆。有预兆的关键性问题是违反了"动无形"的原则，过早暴露了自身动作的攻击目的，由此会致使对方进行反击。比较常见的错误是运动员发出技法动作前有附加动作，具体表现为拳未动、腿未动、身体先动；出拳时拳先回收；出腿时脚尖先动；发招以前龇牙咧嘴、怒目瞪眉等。运动员的任何运动都可以为对方提供信息，一定要尽量克服有预兆的错误习惯。

（7）动作转换活。动作转换活是指运动员完成动作时，动作与动作之间能够快速灵活变化的技术要求。实现动作的灵活转换，一定要使自己的身体姿势保持高度机动状态。下颌微收，头正颈直，不偏不倚，这样可以保持清醒的头脑，便于动作的操作思维。身体重心处于两腿中间，便于转换动作。脚跟微微提起，以保持弹性，四肢肌肉适度放松，不要僵滞，便于快速启动。动作不但包含单个动作的技术要求，而且包含运动员动作操作的思路应当涉及面广，不要将注意力局限在单方面的攻击目标与几个动作，尽可能在运用动作的空间上与运用技法的容量上有所变化，充分彰显运动员运用技法的多样性与灵活性。

（8）动作技法巧。在运用技法的过程中，不仅要尽可能得分，还要出现效果巧妙的技术要求，即动作技法巧。对于武术散打中的单个技法动作而言，与技术原理相吻合的所有技动作本身并不存在巧妙和不巧妙的区分，但因为武术散打运动存在运用技法的完整性与灵活多变的随机性的技术特征，同时技法间存在相生相克的原理与功能，所以向技法相生相克的巧妙运用提供了多元化的技术内容以及广泛空间。技法的巧妙反映在运用过程中，技法之间应当扬长避短，互相使用的技法没有相生相克的对应关系，出现以力打力，以力破力的现象谓之拙。

（三）散打技法的核心动作与模式

技法是散打的主体。技法，顾名思义就是散打技术动作的运行方法，它既是散打对抗经验总结的物化形式，又是操作技巧的运用过程。不同的技法在实战对抗中所产生的作用，一定不会是相同的，之所以不相同，与技法的模式和风格有着直接的关系。

当全面掌握散打技法并形成适合自己的技法使用模式后，方可逐步形成和自身情况相吻合的技法风格，这样才能充分反映技击的精髓，有效发挥技法的各项价值。不管是散打的哪种技法，宗旨都是取得胜利或预防失败，围绕该目标的技术动作根据特定关系共同构建出了技法模式，同时还产生区别于他人的风格。

1. 围绕核心动作展开攻防

（1）核心动作。核心动作是用于控制各种势态的动作。属于支撑战术的根基性的技术动作。对抗中，为了能够很好地把握对抗势态的发展，必须选择那些可导致该势态发生变化的相关技术动作，以这些技术动作为基础性的根基动作，就是核心动作。技击者不同，则对各种势态的认识也存在差异，每个人都有自身的核心动作，同时每个人驾驭势态的水平也存在差异性，因而人们驾驭各环节不同势态的水平是不尽相同的，驾驭各种势态的技术动作要求同样存在差异，由此就出现了对抗的多样性。

（2）辅助动作。通常而言，配合核心动作完成战术实现技击目标的动作即是辅助动作。对抗中势态的变化处在动态的无规律中，有效掌握的难度比较大，倘若只依靠核心动作单枪匹马地完成，要想奏效的难度同样很大，因而必须配合相应的辅助动作，向核心动作提供有积极影响的施展技击的氛围和空间，保证核心动作能够产生最理想的动作效果。

（3）核心动作与辅助动作的关系。对于对抗过程而言，核心动作和辅助动作是一体的，只是两者在技法中体现的价值不同，但最终目标是统一的。例如，后手冲拳接前脚鞭腿的二动组合，后手冲拳就可以作为辅助动作，为前鞭腿服务，去营造一个好的氛围，使作为核心动作的前鞭腿产生最佳的动作效果。

核心动作与辅助动作之间是能够互换的。结合战术实施需求，战术对动作功能的需求存在多元化特征，由于动作能够变换身份来为战术服务，所以不存在固定不变的核心动作及辅助动作。例如，前鞭腿接后手冲拳的二动组合，前鞭腿就可以作为辅助动作，为核心动作的后手冲拳服务，围绕着核心动作去营造一个好的氛围，使作为核心动作的后手冲拳产生最佳的动作效果。

在实施过程中，核心动作和辅助动作的君臣关系是固定不变的。换言之，不管何时辅助动作都会紧紧围绕核心动作展开，辅助动作的主要作用就是保证核心动作具备良好的环境和氛围来展现自身。在实际操作中，要想有效改善配合与衔接核心动作与辅助动作的技巧，一定要强化自身在核心动作和辅助动作方面的动作意识，如此才能让表现出的动作发挥出更好的技击功能。

（4）确定几个能够引导势态发展的核心动作，形成自己的技法框架。在不同环节中，结合自身实际情况和特征确定支撑局面的核心动作。例如，在第一环节的切入动作中，针对特定进攻动作的防守反击；在第二环节针对特定动作的拼打动作，对于特定势态的控制水平；在第三环节，特定状态下的脱离动作，对特定状态的能力产生引导作用。这三个环节的动作严格遵循环节特征要求来把关，对于所有动作的各方面要求，不仅要保障理论的规范性，也要针对动作提出数字方面的量化要求。

把核心动作有机地衔接起来，使这些核心动作的功能能够相通，且动作之间的功能前后连贯协调一致，力争对抗的势态发展都是由自己的核心动作为骨架引导进行的，各核心动作间的运行衔接自然稳固而又灵活，能够做到在各种势态下运用自如。

（5）用核心动作为主要技术去实施战术。组成核心技术的动作是技击阈值较低的动作。如果把基础战术比成是框架结构房屋的具体的房梁，房屋的框架就是技击思维网络，那么房梁里的钢筋就是核心技术动作，对抗中的核心动作就是那些自己最习惯、效果最好、成功率最高、威慑力最强的基本动作，它就如同是一支箭的箭头，能够带领箭杆与箭尾射向目标。

核心技术动作是有辐射的动作。独木难成林，单个动作的能力再强都是有限的，单靠某个动作独自作战很难成气候。要有一个好的技击效果，必须有围绕着核心动作的一系列辅助动作存在，辅助动作能够很好地为核心动作创造条件，让核心动作发挥出最佳的技击效果，因此，核心动作必须具有相应的辐射作用，这样才能使动作的主辅融为一体。就如同一支箭，箭杆能够把力量传递到箭头上，箭尾则能够很好地维持箭在空中运行的平衡，它们共同配合射向目标，技击动作的主辅也是这样相得益彰的配合为的是能够获得最佳的技击效果。

核心动作不仅表达战术的难度小，而且由此构成的战术质量比较高。即使战术的作用再显著，依然需要落实到具体实战中方可展现其作用，实战中的战术表现一定要落实在动作上。倘若动作的技击阈值过高，则实战过程中就难以使用出来，则实施战术的难度将会增加，所以战术实施一定要运用和战术相符的核心动作才能更轻松地表现出来，由此充分发挥战术的作用。

不同的战术具有不同的战术特点，所以需要实施战术的核心技术动作自然也就不同。客观上要求核心技击动作不能够太单调，一方面容易被对手察觉可能使用的动作，这样对战术实施是不利的；另一方面组成战术的核心动作功能再强也是有限的，不可能放之四海皆准，这样就容易影响战术自身的质量，质量不高的战术实施效果自然不会理想。

2. 优秀散打选手技法模式

优秀散打选手技法模式，此处指的标准的最佳模式，往往针对先天条件良好的选手形成的技击对抗模式。

优秀选手技法模式属于相对理想的技击模式，其仅仅是一个标准，但并非对所有选手都适用，练习技击对抗的人需要多方位借鉴，并非完全照搬，原因在于所有练习技击对抗的人本身就是和其他人不同的单独个体。个体反映出的优点和缺点不可能和其他个体完全相同，因而所有个体都存在特殊性。

（1）选手技法模式的风格与特点：顺、广、精、耐、强、硬六个方面。

第一，顺：技击思维网络表现出组成合理且功能完善，支撑网络的核心动作以及配套动作都显得主次分明，网络内的技术动作体现的战术也显得有章有节、条理清晰，网络内的所有动作与功能都能够在网络的统一掌控下做到纲举目张。

第二，广：技术全方位反映于基础的核心动作，在所有环节不再是单方面的孤军奋战，相反是彰显出全方位发展的特征，核心动作的配套动作在对抗中运用表现得十分广泛，动作间配合能够达到扬长避短，呈现出多点开花的局面。

第三，精：特长突出表现在技术动作的风格较稳固，特长动作的功力较深厚且思维清晰在运行上能体现出变幻莫测的特点，面对对手有意识的防守与阻碍都能自然化解并能够设法展现出应有的技击功能。

第四，耐：在对抗过程中，体能突出反映于可以相对合理地安排自身体能，在对抗过程中可以做到有的放矢，可以在对抗过程中发挥出最高体能水平，特别是在表现功力的时间段内表现突出。

第五，强：心理过硬的反映是任何环境中都会自己满怀信心，对自身的行为有清晰定位，这样再强悍的对手都无法对战术实施过程产生阻碍作用，同时对抗过程中可以不受外界影响，将所有势态都把握好。

第六，硬：作风顽强表现在敢于打艰苦之战，尤其是需要拼打时会在最佳的时机毫不犹豫地表现出来，动作的表现显得老辣而又干脆，毫无拖泥带水的现象。优秀选手的技法模式显然已经把模式的功能最大化了，能够展现出高水平模式最大化的功能当然是一件令人喜悦的事情，然而，人与人之间一定有很多不同，一个人能达到并非所有人都能达到。最重要的是，清楚自身具备哪些能力、具备哪些条件、通过哪些努力可以实现到哪种程度。一名选手要想摆正自身位置，必须对自身有透彻了解。在技术方面，不可以被各种形式限制，应当构建出自身的技击思维网络、形成自身的技术框架。众多实践表明，一切都要从实际出发，什么时候都不可以和实际情况脱离。高水平的技法模式尽可以用来参照，实践运作不可以在脱离自身条件的情况下构建技法模式，否则将难以发挥作用。

（2）高水平技法模式在具体训练与竞赛中的六字要求突出：快、全、连、变、准、控。

第一，快：尽快适应环境、尽快进入状态、进攻节奏快、反击动作快、步伐移动快、攻防转换快。

第二，全：不仅要运用远距离、中距离以及近距离等多种打法，还要掌握进攻、防守、拼打、反击以及摆脱的技巧。

第三，连：一要有连场连续比赛的能力；二要有赛场上连续进攻和拼打的能力；三要有连续反复进攻的能力；四要有组合动作连续转换的能力。

第四，变：结合场上变化随机应变、结合对手的具体打法随机应变、结合对手的实际距离随机应变、结合不同类型选手随机应变。

第五，准：预判准确、击打目标准确（单拳）、反复进攻动作准确（动作组合）、在移动或不稳定状态下击打准确。

第六，控：在比赛过程中，运动员要具备合理调控距离、时间差、技术、战术、体能、节奏、心理的能力。

（3）促使优秀技法模式成形的外围因素。

第一，教练：在训练过程中，教练员对训练量、强度、间歇的控制，对比赛的指挥，对赛后的调整等。

第二，医务：防伤防病、治伤治病。

第三，科研：对各项指标的控制、训练和竞技状态的保障和测试方法、手段。

第四，领导：把握与宏观调控项目的整个发展进程。

（四）散打对抗中的控制和反控制

从形式上展开分析，技击类项目的对抗都是在比拼对抗双方技法的基础上来争夺控制权与反控制权，在控制与反控制的过程中实现技击者要想达到的技击目标。控制与反控制往往反映于时间、空间、技能、体能、智能、心理与机体的承受力等方面，在对抗过程中双方通过控制与反控制的强与弱来反映技击时的势态。

分析技击类项目竞技能力的构成要素可知，主要包括体能、技术、战术、心理、智力五种要素，不同要素之间相互作用，同时都在技击思维网络管理的整个系统中，竞技能力就是五种因素在对抗中的整体反映。其中如何达到"技击目的"是五个因素围绕的核心，任何素质都围绕核心体现自己的价值，为了能够发挥素质的最大功能，相互配套的诸因素有机结合共同完成对抗。技击者之间的技击水平不同，说明他们这五方面因素的基础有差异，把这些基础因素转化成对抗时技击效果的能力各有不同，于是就有了各素质的贡献值不同，直接导致他们的技击水平在实战中表现出较大差异。结合实战过程中具体对抗势态的差异性，五种素质在对抗中的主辅地位的实际关系是不断变化的，当占据主导位置的因素出现变化后，一定会使对抗势态出现实质性的变化。

如果对抗中营造与把握势态的战术针对性强、灵活性高，那就能够很好地显示出控制赛场的主动权和比赛节奏等功能，还能够最大限度地控制或反控制对方特长技能的发挥，从而更好地发挥自己技法上的特点和优势。也可根据控制与反控制的手段去影响对抗势态变化，当势态发生变化时可作出相应的战术调整，体现出技击思维网络指导下战术的价值。

1. 控制与反控制的技术要求

要想在实战中具备较强的威慑力，必须有机结合技能、战术、智能、体能、心理等方面的因素。怎样发挥出更大威慑力、怎样将威慑力有效转变成技击成果，这必将成为散打理论的未来发展走向，同时将会向散打项目提供更大的发展空间。

在对抗过程中，要想达到控制与反控制在技术方面的要求，必须依靠运动所有的具体动作方可完成。在技击思维网络的统一指挥下，围绕具体战术的所有动作都需要达到快、活、稳、准、全、狠、巧、绝、隐等技术方面的要求，这些方面的要求在结合具体动作运行或技法实施过程的解释是：动作运行以快为中心、动作变化以活求发展、动作发力以准为目标、技法实施以全为框架、技法往来以狠去夺势、技法变化以巧来体现、动作效果以绝为高度、思维网络以稳为保证、技击思想以隐为前提，保证动作在各方面的要求都能够凝聚在一起，统一运行在如何提高"威慑力"的基础上，并综合形成以"快"为中心的动作表现特点，通过诠释技击动作最大价值去获得最佳的技击效果。

2. 散打技击动作的制胜规律

技击动作制胜规律可以总结为：简洁、实用、敏快、精细、全面加特长。毋庸置疑，所有技击类项目的制胜规律均会受该项目规则的限制以及外界条件的作用，另外运动形式和运动能力等内部因素也会产生限制。在对抗过程中，要想全面掌握控制权与反控制权，一定要深入认识本项目的规则以及各项技击特征，从而使它们达到内外统一，这样才能协同发挥已经产生的最大能效，坚决反对出现任何内外冲突，不然技击思维网络将难以达到完整、统一、简洁、流畅的要求。倘若选用存在矛盾的技击思维来指导技击实践，则将会大大增加展现自身技击水平的难度。

在对抗时，不同势态中均可形成正确时机感是任何技击类项目共同追求的，同时是判定技击者水平的一项关键性标准，它不但是技击思维网络反映价值的重中之重，而且可以有效测试控制与反控制的实际水平。不管采用哪种手段，判断与把握时间都是十分关键的部分，总体表现为时空控制能力越强时机把握就越好，制胜能力也就相对越强；如何让杀伤力体现出价值是技击类项目的技法运行的核心，而抗击打能力则是选手发挥技法与保证技击思维网络流畅的前提。在武术技击的技法表现中，总体为腿（踢）、拳（打）、摔、拿"四击"之间相生相克，如拳克摔、摔克腿、腿克拳、拿克缠抱（拿在缠打中控制与反控制的作用尤其突出）。当然，在条件允许的情况下拳克腿、拳克拿、拳克拳也都是很正常的现象。

要想在技击类项目中赢得胜利，控制与反控制是一定要高度重视的内容。要想顺利完成技击对抗，基础条件是构建一套完整且自成体系的技击思维网络，网络必须统筹兼顾到技击对抗的所有要素，保证自身的体能、技术、战术、心理、智力均可发挥出最佳状态，从而顺利掌握对抗中的控制权。因而，达到技击目标的方式和途径就应运而生，技击技术也能够充分发挥其价值。

当前，和武术散打制胜规律相关的研究成果还比较少，已经存在的只是关于传统武术技击制胜规律在特定环节的个别研究，但对当前武术散打项目具体技法的实践指导依然处于空洞状态。指导散打实践活动必须要有更加具体、更加有针对性的理论，这样产生技击效果的理论才能更好地指导实践活动。当前，开展武术散打项目的框架建立在传统武术的基础上，同时借鉴了很多外来搏击技法而逐步性形成的，对抗表现形式是在借鉴和改进西方技击类项目模式的基础上形成的，同时将散打规定为在一对一、分级别、有相对完善的规则和裁判等条件环境中开展的一项体育比赛，将传统武术中的比武作为比较对象，则散打对抗中的比武目的、比武条件、比武性质、比武方式、比武规范性等方面都与其存在很多不同点。很明显，这些方面的差异是因为二者背后更深层次的文化差异，以及对制胜规律的理解与要求上具有较大不同。所以，我们既不能将传统武术中的技击理论和方法生硬地放到当下正在开展的散打理论与实践中去，更不能用西方搏击类运动的相关理论和方法直接替代我们散打的理论和方法。我们要抱着扬弃的态度去萃取传统武术，并抱着借鉴态度去学习西方博击类运动，从中摄取许多我们所需的实战经验、技击思想和理论精华。

（五）散打技法的运用规律与对策

1. 散打技法的运用规律

（1）初级阶段以"拼"为主。自 1982 年第一次举行全国武术散打邀请赛开始，到 1989 年武术散打被正式列为全国锦标赛为止，在这 7 年间的全国武术散打试验性比赛中，运动员使用技法的表现形式上主要是以盲目乱拼为主。在那个时期，武术散打运动还处在试验阶段，广大群众对使用武术技法展开人体格斗仅仅停留在感性认识的层面，所有参赛队员都只是业余爱好者，没有接受系统性训练，也没有较强的技能与身体素质，运动员赢得比赛主要凭借勇气、体力以及感觉，只有一小部分运动员表现出较高的技术水平。但从总体来看，运动员使用技法的方法都是盲目乱拼，这种状态只是看似异常精彩。

（2）中级阶段反击为主。经过多年的"拼"之后，运动员看出这种做法的劣势，开始尝试使用防守反击的打法。因为运动员运用技法主动进攻的水平与身体素质比较有限，所以难免出现很多破绽并十分明显，为防守反击运动员带来了很多有利条件，在对方主动进攻未能出现理想效果的情况下，只要防守反击的运动员守株待兔、思路清晰就可以顺利反击。因此，当人们认识了这个问题以后，都开始采用防守反击的打法。双方运动员都防守反击，加上场上裁判员对于运动员消极的处罚不严格，因此导致了武术散打比赛不激烈、不精彩。

尽管运动员运用武术散打技法是将防守反击作为常用手段，同时使得比赛的激烈程度和精彩程度难以保障，但站在运动技法的发展规律来分析，表明运动员正在从盲目乱拼的感性阶段逐步过渡到有效使用技法的理性阶段。通常情况下，新运动员和不存在比赛经验的运动员出现随意运用技法的情况比较常见；性格内向、沉稳、经验丰富、体能差的运动员喜欢打防守反击；兴奋性的运动员、身体素质好的运动员、技术水平明显高于对手的运动员、比分落后的运动员喜欢主动进攻。从整体的情况来判断，技术发展中级阶段的运动员使用技法是以防守反击为主。

（3）高级阶段进攻为主。从 1989 年武术散打被列为正式全国锦标赛开始，时至今日，运动员使用技法以防守反击为主的表现形式，经过了近数十年训练竞赛实践的锻炼，已经开始逐步向以主动进攻为主的方向发展。运动员使用技法的表现形式从防守反击为主转向以主动进攻为主，不是运动员想做到就能够做得到的事情，必须具备主动进攻必须击中、摔倒对方所需要的各种条件，这些条件包括起点动作、距离判断、避实就虚、迷惑调动、内敛心理、强悍体能、技法合理、部位准确八个方面的要素。运动员各项竞技能力要想达到只主动进攻就可击中、摔倒对方，必须坚持不懈地培养与训练自身的智能、技能、体能、心能。如果运动员某个方面的要素不符合主动进攻的要求，则主动进攻不仅难以取得成功，而且可能会被对方反击。

主动进攻是武术散打技法运用的最高表现形式，是运动员技术水平高级阶段的主要标志，也是比赛能够取得胜利的重要保证。主动进攻和防守反击是互为条件的，主动进攻没有成功才给对方提供防守反击的条件，如果主动进攻击中、摔倒了对方，在这一回合中，对方就没有防守反击的机会。倘若运动员每次主动进攻均可击中并摔倒对方，则赢得比赛胜利的难度将会降低。尽管运动员使用技法依旧存在盲目乱拼的问题，但就表现形式来说依旧是主动进攻。主动进攻与盲目乱拼的本质区别是，运动员已经拥有只要发出技法即可击中、摔倒对方的竞技水平。进行主动进攻是理性发挥支配作用；盲目乱拼是不顾及主观情况和客观情况，盲目随意地发出技法动作，动作发出后可能会恰好击中、摔倒对方，也可能会被对方防守反击。

高水平的运动员以主动进攻为主，所指的是使用技法表现形式的一种主流趋势，但高水平的运动员也可以根据比赛对手的实际情况，采用防守反击的打法和防守反击的战术。主动进攻能够取得胜利，防守反击也能够取得胜利，是针对不同技术特点和不同技术水平的运动员交手而言的。除此之外，高水平运动员并不可以保证每次主动进攻均可获得成功，如果不成功则会让对方有机可乘。如果双方都是高水平运动员，运动员技术水平越高，则主动进攻的难度系数越高。高水平运动员往往对主动进攻技法有很强的敏感性，对方运动员一旦有动静必然会作出反应。换言之，高水平运动员之间的较量就是主动进攻能力的较量。

2. 散打技法的运用对策

（1）内动打抢攻。内动是指运动员的内心活动，抢攻是指先主动进攻对方。内动打抢攻就是指对方运动员还没有发出动作之前，主动地采用技法抢先进攻对方。"抢"字除了具有"先"的意思之外，还具有动作"快"的含义。武术散打比赛，场上裁判员每次发出"开始"口令之后，双方运动员有一个短暂的互相对峙的过程，需要注意、观察、思维，寻找对方的破绽，判断对方的意图，考虑自己的行动方案等。

运动员互相对峙时，身体不动是相对的，动是绝对的，动主要是内心的活动。在这样的情况下，运动员最佳的行动方案就是不要受对方的影响和牵制，互相之间不要消极等待，针对对方运动员预备姿势的薄弱环节，针对对方运动员进行注意、观察、思维的转移，需要一个时间过程所产生的空当，快速灵活地选择相应的技法动作和攻击部位，毫不犹豫地抢在对方发出动作之前进行主动进攻。

一般而言，进攻、防守、反击是武术散打技法的三种表现形式，三者发挥着不同的功能，不但是比赛的客观需要，而且是比赛中客观存在。运动员内动打抢攻，并非盲目乱攻，而是发出动作后一定要击中对方，同时阻止对方达到防守目的或反击目的。实现这个目标需要运动员智能、技能、体能、心能等多方面的协调配合，所以需要对比较分散的有关因素展开优化整合，从而形成有针对性的进攻法来支撑。

从使用技法的表现形式上来看，进攻、防守、反击相互之间也是相生相克的，有进攻就有防守，有防守就有反击，它们相互衍生、相互配套，并没有优劣之分。但是，从使用技法的本质上来看，防守和反击都是针对进攻动作而言的，如果主动进攻能够直接击中、摔倒对方，不给对方防守、反击的机会，在这一回合中就不存在防守或反击，主动进攻是衍生防守和反击的前提条件。

在比赛过程中，运动员很难保证每次进攻均可击中、摔倒对方，不给对方带来任何防守机会或反击机会，但站在影响比赛输赢的因素与提高技能水平训练的角度来判定，内动打抢攻的成功率越高，则对方得以防守或反击的机会就越小，赢得比赛胜利的机会就越多，体现运动员技能水平越高。由此可知，通过武术散打来提升运动员内动打抢攻的能力是一条虽然艰难，却效果显著的方式。

从运动员掌握进攻、防守和反击的难易程度上来看，掌握主动进攻最难，防守反击次之，单纯防守最容易，因为主动进攻对于运动员的智能、技能、体能、心能的综合要求都很高。按照"以难带易"的训练原则，武术散打训练应该把"内动打抢攻"放在最突出的位置，以培养运动员"内动打抢攻"的能力为主线，促进智能、技能、体能、心能的全面发展。熟练地掌握了主动进攻的方法，掌握防守和反击的方法就是迎刃而解的事情。

（2）小动打迎击。散打中的小动打迎击是一种常见的防御技术，旨在迅速应对对手的攻击并做出有效的回应，它是一种快速而灵活的动作，可以用来中和对手的进攻，保护自己并争取主动。

小动打迎击的基本原理是利用快速的动作和准确的技术，迅速地打击对手的弱点或制造对手的失衡，从而使其攻击失效或受限。这种技术要求运动员具备敏捷的身体机动性和准确的动作技巧。通过快速的闪躲、拦截、挡击或反击，运动员能够有效地化解对手的攻势，并为自己创造出反击的机会。

小动打迎击的技术，包括躲闪、拦截、挡击和反击等。躲闪是通过迅速的身体移动来避开对手的攻击，使对手的拳脚无法命中目标。拦截是利用手臂或腿部的动作来阻挡对手的进攻，以减弱或消除对手的威胁。挡击是用手、腿或其他身体部位来阻挡对手的攻击，以保护自己并削弱对手的攻击力量。反击是在防御的同时进行有效的反攻，以迫使对手回应或陷入被动。

小动打迎击要求运动员具备良好的反应速度、准确的判断力和熟练的技术功底。在训练中，运动员需要不断练习和磨炼这些技术，提高自己的身体协调性和运动反应能力。此外，战术意识和对对手动作的敏锐观察也是运用小动打迎击的关键因素。运动员需要学会判断对手的攻击意图，选择合适的防御动作，并迅速作出反应，使对手陷入被动局面。

小动打迎击在散打中具有重要的实用性和应用性。它能够帮助运动员在激烈的格斗中保护自己，有效地回应对手的攻击，并争取主动权。通过不断的训练和实践，运动员可以将小动打迎击技术运用自如，提高自己的防守能力和整体竞技水平。

（3）大动打反击。大动打反击是指对方发出具有攻击作用的技法动作以后，针对各种拳法和腿法进行反击。由于拳法和腿法这一类动作肢体结构的变化幅度大，身体各部位结构位置变化的反差大，发出动作后的运行路线长，回收的时间也长，因此称其为"大动"。任何事物都是有利有弊的，表面上看大动是攻击性动作，但是由于攻击性动作运行轨迹长，动作持续的时间长，暴露了容易被对方反击的弱点。大动是主动进攻争取得分必须采用的手段，如果不能击中对方就会留给对方反击的机会，利、弊、得、失共同存在于进攻和反击之中。

通常而言，运动员主动进攻的水平与能力越低，或者对方运动员水平越高，则成功运用拳法与腿法主动进攻的概率越低。如果运动员主动进攻动作没有成功，则必然会降低对方反击的难度。因此，比赛场上能够看到运动员三种表现：①运动员盲目地乱打乱拼，这往往反映在初级运动员身上；②运动员都消极等待，盼望对方出现有漏洞的主动进攻动作，随后展开反击，这往往反映在中级运动员身上；③先出手时可以击中对方，后出手时可以反击对方，采用技法出现落空的可能性比较小，这往往反映在高级运动员身上。

用运动员使用技法的对策来衡量，大动打反击比较容易完成，是初级运动员的表现；小动打迎击次之，是中级运动员的表现；内动打抢攻最难做到，是高级运动员的表现。技法运用从低级到高级的不同表现形式，标志着运动员技能水平的不断飞跃，这种飞跃并不是一件容易做到的事情，需要通过长期、艰苦的训练磨炼才有可能实现。运动员的智能、技能、体能、心能水平，如果达不到主动进攻和防守反击都能成功的要求，就永远不可能进入到高级阶段。

在运动员运用技法时，往往会采用内动打抢攻、小动打迎击、大动打反击这三种对策，同时结合比赛的具体情况来实施。然而，站在使用的先进性与训练难易程度的立场来分析，掌握先进打法的难度往往比较高，同时最先进的内动打抢攻打法往往掌握难度比较高，小动打迎击次之，大动打反击最容易。具体而言，内动打抢攻和小动打迎击都是主动进攻的打法，而大动打反击则是防守反击的打法。运动员要想提升自身的武术散打运动水平，必须在内动打抢攻、小动打迎击两方面找到突破口。

第二节　散打运动的技术训练

"散打技术是合理完成散打动作的方法，是散打运动员竞技水平的重要决定因素。"[①]合理的散打技术建立在人体生理结构基础上，符合运动项目的规律，有利于运动员身体能力的发挥。散打各个动作只有遵循人体运

---

① 马勇志. 散打运动教程[M]. 北京：北京体育大学出版社，2018：80.

动力学的基本原理的要求才能准确规范；只有符合个人的生理学特点，才能形成独特的技术风格。散打技术主要有进攻技术、防守技术、防守反击技术等三个大的部分。而技术的优劣也直接影响着比赛的胜负，正确地掌握散打技术是教学和训练的重要环节。

一、散打运动的进攻技术训练

进攻技术是散打技术的主体，其他步法和防守技术的运用，目的是更好地进攻。学习进攻技术必须一丝不苟地掌握动作的起、止路线，着力点和攻击的部位。而动作的起止路线和着力点直接关系到动作成功与否，是散打技术的关键。散打作为一种综合性的搏击运动，包含了多种进攻技术，涉及拳、腿、肘、膝等各个部位的击打和打击技巧。以下是一些常见的散打进攻技术以及相关的训练方法。

第一，直拳（Jab）和直冲拳（Cross）。直拳和直冲拳的训练方法：通过反复练习直拳和直冲拳的基本动作，注重准确的出拳位置、速度和力量；使用沙袋、拳击球或散打靶进行实战模拟训练，提高准确性和打击力度。

第二，上勾拳（Uppercut）和勾拳（Hook）。上勾拳和勾拳的训练方法：练习上勾拳和勾拳的动作和力量传递；使用沙袋或散打靶进行实战模拟训练，注重动作的连贯性和力量的发挥。

第三，踢腿技术（Kicks）。踢腿技术的训练方法：包括直踢、侧踢、回旋踢等各种腿部技巧。进行反复的踢击动作练习，注重准确度和力量。使用沙袋、踢击目标垫或训练伙伴进行实战模拟训练。

第四，肘击（Elbow Strikes）和膝击（Knee Strikes）。肘击和膝击的训练方法：进行肘击和膝击的基本动作练习，注重技巧的准确性和力量的传递；使用肘击靶或膝击靶进行实战模拟训练，同时注意防守姿势的训练。

第五，综合技巧的实战模拟。综合技巧的实战模拟训练方法：通过与训练伙伴或教练进行实战模拟训练，综合运用不同的进攻技巧。这样可以提高技巧的灵活性、应变能力和实战效果。

另外，在进行进攻技术的训练时，需要注意：①安全第一，戴上适当的保护装备，避免受伤；②技巧逐步提高，从基本动作开始，逐渐增加难度和力量；③反复练习，通过反复的训练来提高技术的熟练度和反应能力；④均衡发展，注重全身各部位的训练，避免偏重某一技术；⑤教练指导，最好在散打教练的指导下进行技术训练，确保正确的动作和姿势。

散打是一项搏击运动，参与者需要具备一定的身体素质和训练基础。在进行任何搏击训练之前，需要咨询专业教练并确保自己的身体状况适合参与此类活动。安全第一，合理训练。

二、散打运动的防守技术训练

防守技术是散打技术体系中不可缺少的内容。防守技术大体分为两类：一类是接触性防守，即通过防守者肢体的拦截达到防守的目的；另一类是非接触性防守，即通过防守者身体姿势的改变或位置的移动达到防守的目的。防守者能够做到准确、巧妙地防守，一则能够保护自己，减少丢分，二则能够为更好地反击创造条件。科学的练习步骤与方法是掌握防守技术的重要条件。

总而言之，散打作为一项搏击运动，除了进攻技术外，防守技术同样至关重要，以下是一些常见的散打防守技术及其训练方法。

第一，拳击防守。①摆拳防守。通过正确的摆拳姿势，保护头部和上半身。训练方法包括反复练习摆拳的动作和姿势，注意保持手部的覆盖面积，以及拳头和下巴的保护；②滑步躲闪。通过快速的脚步移动，躲避对手的拳击进攻。训练方法包括练习侧步、后退和转身等动作，同时注意保持平衡和灵活性。

第二，躲闪踢腿技巧。①侧移躲避。通过侧身的躲避动作，躲避对手的踢腿进攻。训练方法包括侧身跳跃或侧步，注意保持平衡和迅速反应。②抬腿格挡。使用腿部进行格挡，将对手的踢腿技术挡开。训练方法包括练习正确的腿部格挡姿势和移动，注意保护自己的关键部位。

第三，肘膝防守。①躲避肘击。通过移动头部或身体来躲避对手的肘击进攻。训练方法包括练习头部的迅速躲避动作，同时注意保持平衡和反应速度。②肘膝格挡。使用手臂和腿部进行格挡，将对手的肘击和膝击技术挡开。训练方法包括练习正确的肘膝格挡姿势和移动，注意保护自己的关键部位。

第四，实战模拟训练。与训练伙伴进行实战模拟，训练对手的进攻技术并学会相应的防守动作和反击机会。通过不断的实战模拟训练，提高反应速度、准确度和战术意识。

在进行防守技术的训练时，同样需要注意安全和正确的姿势。需要在散打教练的指导下进行训练，并确保自己的身体状况适合参与此类活动。

合理训练，注重保护自己的身体和健康。

三、散打运动的防守反击技术训练

防守反击是一种复合技术，它是由防守与进攻技术组合而成的。反击技术运用得成功与否，除正确、熟练地掌握防守与进攻技术，使其达到自动化程度外，还需把握防守反击的时机和培养防守反击的意识。总而言之，散打运动中防守反击技术是非常重要的，它能够有效地保护自己，并给予对手有力的还击。以下是一些常见的散打防守反击技术及其训练方法。

第一，防守并反击。①摆拳格挡：使用摆拳动作进行格挡，并在对手攻击结束后立即进行反击。训练方法包括模拟对手的进攻，通过正确的格挡动作和迅速的反击动作来提高反应速度和准确性。②躲闪反击：通过躲避对手的攻击，并在合适的时机进行反击。训练方法包括练习敏捷的躲闪动作，并学会抓住对手攻击时的机会进行有效的反击。

第二，反击技巧。①快速反击：在对手攻击结束后迅速反击，以出其不意。训练方法包括练习快速地出拳和踢腿动作，注重速度和准确性。②连击组合：通过组合多种攻击技术，形成连贯的攻击组合。训练方法包括练习不同的拳腿组合，并注重技巧的流畅性和转换。

第三，实战模拟训练。与训练伙伴进行实战模拟，训练对手的进攻技术，并学会通过防守反击来应对。通过实战模拟，提高反应速度、战术意识和判断能力。

第四，反击的计划和战术。学会观察对手的攻击模式和弱点，并制定相应的反击计划。通过了解对手的习惯，能够更有效地进行防守反击。

另外，在进行防守反击技术的训练时，需要注意：①安全第一，戴上适当的保护装备，避免受伤；②技巧逐步提高，从基本的防守反击动作开始，逐渐增加难度和速度；③合理模拟，通过与训练伙伴进行实战模拟，使训练更加真实有效；④教练指导，最好在散打教练的指导下进行技术训练，确保正确的动作和姿势。

第三节　散打运动的战术训练

散打战术的形成与运用是建立在一定的身体、技术、心理、智能基础之上的。同时，散打战术的培养反过来对运动员身体、技术、心理和智能的训练水平具有较大的促进作用。

一、散打运动战术的原则

散打运动的战术原则是指在比赛或实战中制定和执行战术的指导原则。以下是一些常见的散打运动战术原则（图 3-1）。

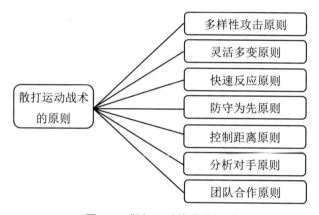

图 3-1　散打运动战术的原则

第一，多样化攻击原则。采用多样化的攻击方式，包括拳、腿、肘、膝等各种技术，以增加对手的难度和不确定性。通过变化的攻击方式，打乱对手的节奏和预判，增加进攻的效果。

第二，灵活应变原则。根据对手的动作和战术调整自己的进攻和防守策略。能够灵活适应对手的变化，并及时调整自己的战术，以取得优势。

第三，快速反击原则。迅速利用对手的攻击间隙进行反击。当对手进攻结束后，立即进行快速、有力的反击，以增加攻击效果。

第四，防守为先原则。在实战中，保护自己的身体和健康是至关重要的。始终牢记以防守为先，采取适当的防守姿势和技巧，减少对手的攻击威胁。

第五，控制距离原则。合理控制与对手的距离，以确保自己在攻击和防守中具有更大的优势。通过灵活地移动和步伐，调整与对手的距离，控制战斗的节奏和空间。

第六，分析对手原则。观察对手的习惯、技术特点和弱点，并利用这些信息制定战术。通过分析对手的战术和技术，找到对手的弱点，并有针对性地进行进攻和防守。

第七，团队合作原则。在团体比赛中，与队友之间进行有效的协作和配合，形成整体的攻防体系。通过团队合作和配合，增加战斗的统一性和战术的灵活性。

上述原则可以根据实际情况进行调整和组合，以适应不同的比赛和对手。在实践中，结合个人的技术特点和实战经验，制定适合自己的战术策略，以取得最佳的比赛效果。

二、散打运动战术的形式

散打的战术形式，是指为了完成战术意图而由各种动作组成的具体方法。围绕着散打比赛可以制定很多的战术形式，现在散打比赛中较常见的战术形式很多，此处主要探讨以下形式。

（一）散打的直攻战术

散打直攻战术是一种以直线进攻为主要特点的战术策略，旨在通过快速、直接和有力的攻击打破对手的防守，迅速取得胜利。以下是一些散打直攻战术的要点。

第一，快速出拳。直攻战术强调快速的进攻，特别是出拳的速度和准确性。采用直线上冲、直线出拳的方式，迅速抵达对手身前，出拳迅猛有力，以迅雷不及掩耳之势打击对手。

第二，连击组合。直攻战术可以通过连续的组合拳技术增加攻击的连贯性和威力。在攻击对手时，通过变化的拳法组合，快速连续地进行攻击，迫使对手防守和回应，以此创造出攻击突破口。

第三，配合踢腿技术。除了拳击技术，直攻战术还可以配合踢腿技术。使用快速、直线的踢腿动作，攻击对手的下半身，打乱对手的平衡，为进一步的进攻创造机会。

第四，控制中线。直攻战术注重控制战斗的中线位置，即与对手相对的中线。通过控制中线，可以缩短进攻距离，减少对手的反应时间，并降低对手的进攻威胁。

第五，快速撤离。直攻战术在进攻后，强调快速的撤离，以避免被对手反击。迅速撤离并及时准备下一轮进攻，以保持自身的安全和战斗的连续性。

第六，防守为先。在直攻战术中，防守同样重要。及时做好防守姿势，保护自己的关键部位，并迅速作出反击。

第七，观察对手。通过观察对手的反应和防守方式，找到对手的弱点和破绽，以此为突破口进行直攻。

直攻战术的关键是速度、力量和准确性。需要在训练中不断提高自身的速度和爆发力，并在实战中准确命中对手的要害部位。在实际应用中，需要根据对手的特点和自身的技术特点进行调整，灵活运用直攻战术，取得最佳的效果。

（二）散打的佯攻战术

散打佯攻战术是一种以伪装和欺骗对手为主要特点的战术策略，通过假装进攻或暴露弱点，引诱对手作出反应，然后利用对手的反应进行反击。以下是一些散打佯攻战术的要点。

第一，假装进攻。散打佯攻战术中的关键是制造假象，使对手误以为你会进攻或采取某种动作。可以通过模仿进攻姿势、快速的虚晃或频繁地移动来制造假象。

第二，暴露弱点。佯攻战术中，有意识地暴露一些看似弱点或暴露防守的位置，以引诱对手进攻。然后利用对手的进攻反应进行反击。

第三，制造干扰。通过快速的移动、踢腿或拳击等动作，制造对手的干扰，使其无法专注于自己的攻击计划。这可以给你创造出反击的机会。

第四，制造反应。佯攻战术的目的是引诱对手作出反应，例如防守、回避或出拳。你可以通过欺骗性的动作和姿势，诱使对手作出不利于他们的动作。

第五，快速反击。当对手在佯攻战术下作出反应时，应立即进行快速而有力的反击，这是佯攻战术的关键，利用对手的反应来取得优势。

第六，观察对手。通过观察对手的反应和防守方式，找到对手的弱点和破绽，以此为突破口进行佯攻和反击。

第七，灵活应变。在实战中，需要根据对手的反应和战局的变化灵活调整佯攻战术。随时准备变换策略和调整战术。

佯攻战术的关键是欺骗性和灵活性。需要在训练中不断提高自己的观察力和判断力，并能迅速适应战斗环境和对手的变化。同时，需要与团队或教练进行配合，以确保佯攻战术的有效执行。

（三）散打的迂回战术

散打迂回战术是一种通过巧妙地绕过对手的防守或切换攻击角度的战术策略，以打破对手的平衡和防守，找到攻击突破口。以下是一些散打迂回战术的要点。

第一，侧移和角度变换。通过侧移身体或改变攻击角度，迅速绕过对手的防守，这可以通过侧步、横移或斜线移动来实现。通过变换攻击角度，可以打乱对手的防守和预判，增加攻击的效果。

第二，绕后攻击。迂回战术中的一个重要方面是通过绕后对手进行攻击。通过巧妙地移动和速度，从对手的侧后方或背后进行进攻，给对手制造出意想不到的攻击角度，增加攻击的成功率。

第三，切换攻击目标。在迂回战术中，可以通过迅速切换攻击目标来制造出攻击突破口。当对手集中防守某一部位时，迅速切换攻击目标，打破对手的平衡和防守。

第四，快速反击。当找到攻击突破口时，立即进行快速而有力的反击。迂回战术的关键是找到对手防守较弱的位置或破绽，并迅速利用这些机会进行攻击。

第五，混合攻击。迂回战术可以与其他攻击技术相结合，例如佯攻、直攻或连击组合。通过灵活运用不同的攻击技巧和战术，增加攻击的变化性和连贯性。

第六，观察对手。通过观察对手的动作和战术，找到对手的弱点和破绽，以此为突破口进行迂回攻击。

第七，快速撤离。在迂回战术中，及时做好防守准备并做好撤离的准备。迂回攻击后，要迅速脱离对手的攻击范围，以确保自身的安全。

迂回战术的关键是灵活性和战术意识。需要在训练中不断提高自身的移动能力、速度和观察力，以及与团队或教练进行配合，以确保迂回战术的有效执行。同时，需要在实战中根据对手的反应和战局的变化及时调整迂回的策略和角度。

（四）散打先得分战术

散打先得分战术是一种注重迅速积攒分数的战术策略，旨在通过快速得分来建立比赛的优势。以下是一些散打先得分战术的要点。

第一，快速出击。战术的核心是快速出击，争取让对手作出有效反应之前得分。利用快速的进攻和组合拳技术，迅速打击对手，争取在对手反应之前得到有效得分。

第二，利用出拳技术。出拳技术是得分的主要手段之一。注重快速、准确的出拳，瞄准对手的要害部位，以高效地得分。

第三，踢腿技术的运用。除了拳击技术，踢腿技术也是得分的重要手段之一。利用灵活的踢腿动作，瞄准对手的身体或头部，迅速得分。

第四，利用对手的弱点。观察对手的弱点和防守漏洞，并有针对性地进行进攻。通过分析对手的技术和战术，找到对手的弱点，并利用这些弱点来得分。

第五，快速反击。当对手出拳或踢腿时，迅速作出反击，以抓住对手防守不稳的时机。通过快速反击，增加得分的机会。

第六，控制比赛节奏。在比赛中控制比赛节奏，主动发起进攻，并通过积极的攻击来牵制对手。通过控制比赛的节奏，增加得分的机会。

第七，灵活应变。根据对手的反应和战局的变化，灵活地调整战术和攻击方式。能够根据实际情况作出相应的调整，以保持攻击的连贯性和有效性。

重要的是在实际比赛中，根据对手的特点和自身的技术特长，制定适合自己的先得分战术策略。在训练中，加强技术练习和战术训练，提高速度、准确性和战斗意识，以实现战术的有效执行。

（五）散打的多点战术

多点战术是指进攻点立体交叉，全方位地攻击对方。散打的多点战术需要注重攻击对手多个身体部位的战术策略。通过攻击对手的不同部位，可以增加攻击的多样性，打乱对手的防守和预判，提高攻击的成功率。以下是一些散打多点战术的要点。

第一，多种进攻技术。学习和掌握多种进攻技术，包括不同的拳击、踢腿、膝部和肘部技术。通过灵活运用不同的进攻技巧，可以同时攻击对手的头部、身体、腿部等多个部位。

第二，攻击上下结合。利用攻击对手上下部位的组合，打乱对手的防守和平衡。例如，先进行身体或腿部的攻击，然后迅速转移到对手的头部或上半身进行攻击。

第三，制造干扰。通过频繁变换攻击目标或攻击方式，制造对手的干扰和困惑。这可以使对手难以适应和防守，增加攻击的成功率。

第四，利用对手的弱点。观察对手的弱点和破绽，并有针对性地进行攻击。每个人的身体部位和防守程度不同，找到对手相对薄弱的部位，集中攻击，增加得分的机会。

第五，连续攻击。在攻击时保持连续的攻击节奏，不给对手喘息的机会。通过快速而连贯的攻击，可以压制对手的防守，增加攻击的效果。

第六，快速反击。当对手出拳或踢腿时，迅速作出反击，利用对手的动作来制造出攻击的机会。通过快速反击，可以取得制高点和得分的优势。

第七，观察对手的反应。通过观察对手的反应和防守方式，找到对手的弱点和破绽。不断调整战术和攻击方式，以针对对手的反应进行攻击。

第八，在训练中，注重多点进攻技巧的练习和技术的熟练程度。同时，提高观察力和判断力，以及与团队或教练进行配合，以实现多点战术的有效执行。

（六）散打的重创战术

重创战术是用力量打击对方，使其失去战斗力。散打的重创战术是一种注重打击对手要害部位，以迅速结束比赛或使对手失去战斗能力的战术策略。它着重于用强有力的攻击技术打击对手的关键部位，以迅速造成重创并取得胜利。以下是一些散打重创战术的要点。

第一，瞄准要害部位。重创战术的核心是瞄准对手的要害部位进行攻击。这些要害部位包括头部、下巴、颈部、太阳穴、腹部、胸部、膝盖、股骨等。通过精确的攻击，可以迅速造成重创。

第二，强有力的进攻。重创战术要求进攻时力量和速度兼备。通过充分发挥肌肉力量和爆发力，以及准确的技术施展，增加攻击的威力。

第三，组合攻击。重创战术可以通过组合拳、踢腿、肘击、膝击等多种攻击技巧的组合来实现。通过连续的进攻组合，增加攻击的连贯性和效果。

第四，利用对手的失误或破绽。观察对手的防守和动作，找到对手的失误或破绽，并迅速利用这些机会发动强力攻击。

第五，快速反击。当对手攻击或展示弱点时，迅速作出反击，以抓住对手防守不稳的时机。通过快速反击，增加重创的机会。

第六，配合力量和速度。重创战术需要合理配合力量和速度。力量可以增加攻击的威力，速度可以增加攻击的突然性和意外性。

第七，强化实战训练。在训练中，加强实战训练和技术练习，以提高攻击技巧的准确性和威力。同时，提高反应能力和判断力，以便在比赛中迅速抓住重创的机会。

重创战术需要具备较高的技术水平、力量和速度。同时，也要注意在比赛中遵守规则和保护对手的安全。在实战中，要根据对手的特点和实际情况灵活应变，以实现重创战术的有效执行。

（七）散打的突袭战术

散打的突袭战术是一种快速、突然的进攻战术策略，旨在迅速击败对手或取得战术优势。它注重速度、力量和意外性，以出其不意地攻击对手并获得胜利。以下是一些散打突袭战术的要点。

第一，瞬间爆发力。突袭战术的关键是瞬间爆发的力量和速度。通过充分利用肌肉力量和爆发力，以及迅速准确的技术施展，打出快速且强有力的进攻。

第二，迅速接近对手。在突袭战术中，迅速接近对手是至关重要的。利用迅速的脚步和出拳技巧，快速靠近对手，缩小距离并减少对手的反应时间。

第三，准确打击要害。突袭战术注重对对手要害部位的准确打击。通过精确的攻击，瞄准对手的头部、下巴、太阳穴、颈部等要害部位，迅速造成打击效果。

第四，利用突然性和意外性。突袭战术的关键之一是利用突然性和意外性。通过突然的进攻、意想不到的动作或攻击方式，打乱对手的防守和预判，增加攻击的成功率。

第五，快速反击和连击。在突袭战术中，快速反击和连续攻击是重要的手段。利用对手的失误或防守漏洞，迅速作出反击并连续攻击，以增加攻击的连贯性和威力。

第六，灵活应变。突袭战术要求灵活应变，根据对手的反应和战局的变化，调整战术和攻击方式。能够根据实际情况作出相应的调整，以保持攻击的连贯性和有效性。

第七，配合力量和速度。突袭战术需要合理配合力量和速度。力量可以增加攻击的威力，速度可以增加进攻的突然性和意外性。

在训练中，注重爆发力、速度和准确性的提高。加强力量训练和敏捷性训练，以增加爆发力和快速反应能力。同时，通过实战训练和技术练习，提高攻击技巧的准确性和连贯性。突袭战术的成功需要在比赛中充分把握时机和灵活应变，以实现快速、有力的进攻。

（八）散打的防守反击战术

防守反击战术是待对方发出进攻动作后，在防守的过程中反击对方。在散打比赛或实战中，防守反击战术是非常重要的，以下是一些常见的散打防守反击战术：

第一，躲闪和规避。躲避对手的攻击是防守的首要任务。这可以通过迅速移动、倒躺或侧身等方式来规避对手的进攻，从而避免受到直接的打击。

第二，拦截和阻挡。利用手臂、手掌或腿部等进行拦截和阻挡，防止对手的攻击直接命中目标。这种战术通常需要准确的时机和技巧，以便有效地阻止对手的进攻。

第三，躲避和反击。通过迅速躲避对手的攻击并立即进行反击，可以有效地利用对手的失误。这需要敏捷的身体动作和准确的攻击技巧，以便在对手攻击之后立即反击。

第四，抓捕和关节技。当对手进行近身攻击时，可以利用抓捕和关节技术来控制对手，并迅速反击。这包括利用抓、锁、扭等技巧，将对手的攻击转化为自己的有利位置。

第五，远距离攻击。在防守时，保持与对手的距离可以减少受到直接攻击的可能性。可以利用快速地踢腿、直拳等远距离技术进行攻击，同时保持足够的距离，以便在对手进攻时能够及时躲避。

第六，观察和利用对手的弱点。在防守中，观察对手的动作和攻击方式非常重要。发现对手的弱点和不足之处，并及时利用对手的失误进行反击，可以增加自己的防守效果。

（九）散打的心理战术

心理战术是通过一些特定的方式和措施，给对方造成心理上的影响，从而取得比赛胜利的方法。散打运动不仅仅是技术和身体的较量，心理战术也是至关重要的一部分。以下是一些散打中常用的心理战术。

第一，自信和决心。在散打比赛或实战中，自信和决心是非常重要的心理素质。保持积极的心态，相信自己的能力，对自己的训练和技术有信心，可以增强竞争力和应对压力的能力。

第二，心理压制。在比赛或实战中，通过表现出坚定和镇定的态度，向对手传达一种自信和威慑力。这可以通过保持冷静、稳定呼吸和镇定的面部表情来实现。

第三，分析对手。在比赛或实战前，尽可能多地了解对手的强项和弱点，制定相应的战术。这种分析可以帮助你有针对性地调整自己的策略，并增强对手的心理压力。

第四，忍耐和耐心。在散打比赛中，有时需要忍受对手的攻击和压力。保持耐心和冷静，不被对手的动作和言语所干扰，以便寻找时机进行反击。

第五，应对挫折和压力。散打比赛中会遇到失败、受伤或其他挫折和压力。在这些情况下，保持积极的心态，学会从失败中汲取经验教训，调整战术和训练，以更好地迎接下一次挑战。

重要的是要记住，心理战术需要结合良好的训练和技术，不能单独依靠心理战术来取胜而是要综合技术、体能的发展，才是取得成功的关键。

三、散打运动战术的训练

散打运动战术训练的方法多样，以下是一些常见的方法。

（一）视频分析和研究

视频分析和研究在散打运动战术训练中起着重要的作用。通过观看和分析散打比赛录像，运动员可以深入研究优秀选手的战术应用，从中获取宝贵的经验和启发。视频分析和研究是散打运动战术训练中一项重要的技术手段。通过观看散打比赛录像，运动员可以全面了解不同选手之间的战术对决，深入研究他们在实际比赛中的战术运用和效果。运动员可以重点关注优秀选手的技巧、战术选择、应对策略以及比赛中的战术变化等方面。

第一，视频分析和研究能够帮助运动员深入了解不同战术的实际运用。他们可以观察和学习到优秀选手如何在比赛中应用各种战术，包括进攻战术、防守战术、反击战术等。通过观察选手们的动作、姿势和战术变化，运动员可以更好地理解战术的本质和实际效果。

第二，视频分析和研究能够为运动员提供宝贵的经验和启发。通过观看优秀选手的比赛录像，运动员可以学习到他们在战术选择、应对压力和解决问题方面的策略。运动员可以分析选手在关键时刻的表现和决策，从中获得战术思维的启示，并将其应用于自己的训练和比赛中。

第三，视频分析和研究还有助于培养运动员的观察力和分析能力。通过仔细观察比赛录像，运动员可以学习如何察觉对手的动作、战术和弱点，从而制定相应的战术应对。他们可以学习如何分析比赛局势和预测对手的动向，以更好地制定自己的战术计划。

（二）分组战术的练习

分组战术练习是散打运动战术训练中一种常用的方法。它的主要目的是通过将运动员分为小组，让他们在团队中协作并实施战术，以锻炼他们的团队协作和战术配合能力。分组战术练习是散打运动战术训练中一项非常有效的方法。通过将运动员分为小组，他们可以在团队中协作并实施各种战术。这些战术包括攻击与防守的组合、团队协作战术等。在分组战术练习中，运动员不仅可以训练和提高个人的技术水平，还能够培养团队意识和团队合作能力。

在分组战术练习中，每个小组可以被分配不同的战术任务和目标。例如，一个小组可以负责攻击，而另一个小组则负责防守。这种组合能够让运动员在实践中学习如何有效地协作和配合，通过团队的力量实现更好的训练效果。

在分组战术练习中，团队成员之间需要进行密切的沟通和协调。他们需要相互理解和支持，遵循共同的战术策略和目标。通过共同努力，运动员们可以学会团队合作和战术配合，发挥出每个人的优势，弥补彼此的不足，从而取得更好的战术效果。

分组战术练习还能够提供真实的对抗环境，让运动员在实战中运用他们所学到的战术。他们可以与其他小组进行对抗，以检验和改进他们的战术应用和适应能力。这种实际对抗的练习能够让运动员更好地理解战术的实际运用，发现自己的优势和不足，并在实践中不断提升自己的战术水平。

通过分组战术练习，运动员不仅可以提高个人的技术水平，还能够培养团队协作和战术配合能力。他们学会了如何在团队中协调行动、相互支持，并在实战中有效地实施各种战术。这种团队合作和战术配合的能力将在比赛中发挥重要作用，使运动员能够更好地应对对手的战术策略，取得更好的战绩。

（三）战术讲解和讨论

战术讲解和讨论在散打运动的战术训练中扮演着重要角色。通过教练对各种战术进行详细的讲解和深入的讨论，运动员可以更好地理解战术的原理、应用方法和场景分析。战术讲解和讨论是散打运动战术训练中一项关键的环节。教练会对各种战术进行详细地讲解，包括战术的原理、应用方法和场景分析等。通过战术讲解和讨论，运动员可以深入了解不同战术的特点和适用性，提升对战术的理解和应用能力。

在战术讲解中，教练会解释战术的目的和基本原理，让运动员明白为什么要采取这种战术，并了解它的优势和局限性。教练会通过示范和说明，展示战术的实际操作和技巧要点。运动员可以从中学习到如何正确执行战术动作，包括进攻、防守、转换等方面。

在战术讨论中，教练和运动员会就各种战术进行深入地交流和探讨。运动员可以提出问题、分享自己的观点和经验，与教练共同探讨战术的优化和改进。通过讨论，运动员可以获得不同角度的见解，拓宽自己的思路，提升对战术的理解和应用能力。

战术讲解和讨论还可以通过场景分析来加深运动员对战术的理解。教练可以提供不同的战术场景和情境，让运动员思考和讨论在不同情况下如何选择合适的战术，并针对特定的对手和比赛环境进行战术规划。场景分析可以让运动员在思考中更好地应用战术，并培养他们在实际比赛中的决策能力。通过战术讲解和讨论，运动员不仅可以加深对各种战术的理解，还可以提高自己的战术应用能力。他们能够更加准确地选择合适的战术，并在比赛中灵活运用。战术讲解和讨论还可以激发运动员的创新思维，鼓励他们探索和尝试新的战术组合和应用方式。这将为他们在比赛中取得更好的战绩提供坚实的基础。

（四）战术实战的演练

战术实战演练是散打运动战术训练的重要组成部分。通过将战术应用到实际的对抗中进行演练，运动员能够在真实的比赛环境中运用和巩固所学的战术技巧。战术实战演练是散打运动战术训练中至关重要的环节。在这个阶段，运动员将所学的战术应用到真实的对抗中进行演练，以提高其战术的实际应用能力。

战术实战演练可以包括多种形式，其中之一是模拟比赛。在模拟比赛中，运动员会按照比赛规则进行对抗，与真实对手进行实战演练。这种演练能够让运动员在紧张的比赛环境中真实地应用所学的战术，并通过与对手的交流和较量来不断提高自己的战术水平。通过反复地模拟比赛演练，运动员能够更加熟悉战术的运用，增强对战术的信心和自信心。另一种战术实战演练的形式是对抗训练。在对抗训练中，运动员会与其他队友或教练扮演的对手进行实际的对抗。这种对抗训练能够模拟真实比赛中的情况，让运动员在实践中不断调整和优化战术的应用。通过与各种类型的对手进行对抗训练，运动员可以更好地理解战术在不同情况下的适用性，并在实际对抗中不断提高自己的应对能力。

在战术实战演练中，教练扮演着重要的角色。他们会对运动员的演练进行观察和指导，及时给予反馈和建议。教练会帮助运动员分析战术的应用效果，指导他们在实战中的技术和战术调整。通过教练的指导和反馈，运动员能够更好地理解战术的要领，并不断提升战术的实际运用能力。

通过战术实战演练，运动员不仅能够更好地理解和掌握战术，还能够增强在实际对抗中的决策能力和应对能力。他们将在真实的比赛环境中不断调整和优化战术的应用，从而在实战中取得更好的成绩。战术实战演练是提高运动员整体战斗能力的重要手段，对于他们在比赛中的表现和成绩具有重要的影响

（五）战术反馈和调整

战术反馈和调整是散打运动战术训练中至关重要的环节。通过教练对运动员的战术表现进行反馈和评估，并提供指导和建议，运动员能够不断改进和提高自己的战术水平。

战术反馈和调整是散打运动战术训练中的一个关键步骤。在训练过程中，教练会对运动员的战术表现进行细致地观察和评估，然后提供有针对性的反馈和指导。教练通过观察运动员在训练中的战术运用，分析其战术的优点和不足之处。他们会注重观察运动员在实际对抗中的战术决策、技术执行和战术配合等方面的表现。基于这些观察和评估，教练能够给出具体的反馈，指出运动员在战术应用上的不足和改进的方向。

在战术反馈中，教练会强调运动员战术的有效性和效果。他们会指出运动员在战术运用上的成功之处，并表达对其良好表现的肯定。同时，教练也会提醒运动员需要注意的问题，指出可能存在的问题和改进的空间。通过具体的案例分析和实例说明，教练能够让运动员更加清晰地理解战术的要领和应用方法。

除了战术反馈，教练还会提供具体的战术调整建议。基于对运动员战术表现的评估，教练会根据运动员的个人特点和对手的情况，给出战术调整的建议。这可能涉及到战术选择、技术细节的改进、战术配合的调整等方面。通过这些调整建议，运动员能够更加灵活地应对不同的比赛情况，提升自己的战术适应能力。战术反馈和调整是一项持续性的工作，教练会在训练过程中不断与运动员进行交流和讨论。他们鼓励运动员主动提出问题和想法，并与运动员一起寻找战术改进的方法。通过有效的战术反馈和调整，运动员能够不断优化自己的战术水平，提高在实际比赛中的表现。

总而言之，战术反馈和调整是散打运动战术训练中不可或缺的环节。通过教练的细致观察和评估，运动员能够及时了解自己的战术表现，并在教练的指导下进行必要的调整和改进。这种持续的反馈机制有助于运动员不断提高自己的战术水平，增强在比赛中的竞争力。

第四节　散打运动的体能训练

散打运动是对运动员体能要求极高的一项竞技运动，没有良好的体能基础，要想取得优异的运动成绩只能是一种奢望。在散打比赛的实践中，经常会出现一方利用良好的体能战胜技术较好的对手的情况。良好的体能是技战术正常发挥的保障。

体能是指运动员机体的基本运动能力。其发展水平由运动员的身体形态、身体机能、健康水平和运动素质的发展状况决定。其中，身体形态是指反映人体生长发育状况的内部和外部形态特征，如心脏的纵横径、肺泡的数量、血管的粗细等内部形态，以及身高、胸围、体重、肌肉充实度等外部形态。身体机能是指人体各内脏器官系统的功能。健康水平是指运动员的伤病情况。

运动素质是指运动员在运动过程中所表现出来的各种基本运动能力，

通常包括力量、速度、耐力、柔韧和灵敏等。对于运动员的体能整体水平，这些因素各有相对独立的作用，但又密切联系、相互促进和彼此制约。运动员的体能训练，就是要力求运用各种有效的训练方法和手段，改造运动员的身体形态，提高机体的技能水平，增进健康，发展运动素质。相对而言，由于身体机能和健康水平更大程度地受遗传因素的影响，身体形态基本上都是通过专项训练方法和手段得以实现，所以，运动素质这一体能的外在表现形式，就成为运动员体能训练的主要内容。本书所讨论的体能训练，主要针对运动素质训练。

一、柔韧素质及其训练

（一）柔韧素质的认知

柔韧素质是指人体关节在不同方向上的运动能力，以及肌肉、韧带等软组织的伸展能力。

散打运动员的柔韧素质虽然在各项基本运动素质中处于较次要的地位，但不是说柔韧素质对散打运动员并不重要，如肩关节柔韧性差则拳法不活，髋关节柔韧性差则腿法没有威力。柔韧素质的发展不仅是运动员学习和掌握散打运动技能的重要基础，而且可以提高肌肉的收缩力量，加快动作速度，使运动器官内部的阻力减少，使动作完成得更加轻松和省力。另外，柔韧性的改善还可以降低运动创伤的发生率。

决定柔韧素质的主要因素：一是运动器官的构造，包括关节的骨结构；二是关节周围组织的体积大小；三是跨越关节的韧带、肌腱、肌肉和皮肤的伸展性；四是神经系统支配骨骼肌的机能状态，特别是中枢神经系统调节对抗肌之间的协调能力。另外，运动员的体温和心理状态对柔韧性也有较大影响。在这些因素中，第三个因素（跨越关节的韧带、肌腱、肌肉和皮肤的伸展性）对提高柔韧性作用最大，柔韧素质的训练也主要围绕这个因素进行。

（二）柔韧素质训练的常见方法

发展柔韧素质的基本方法就是拉伸法，即直接对要发展部位的有关肌肉和韧带进行拉伸，包括主动性拉伸和被动性拉伸、动力性拉伸和静力性拉伸两组基本形式，这两组形式之间互有包容和交叉。通常的练习方式有静力性主动拉伸、动力性主动拉伸和静力性被动拉伸三种。训练中常见的方法如下。

第一，静力性主动拉伸。压肩、压腿、劈叉、腰下桥、体前屈、跪地体后屈等。

第二，静力性被动拉伸。在同伴的助力下压肩、压腿、劈叉、体前屈、俯卧体后屈等，还可由同伴进行各种搬腿等。运用此方法训练时，应注意练习者的感受，用力不可突然、过猛。

第三，动力性主动拉伸。甩肩、肩部环绕、踢腿、摆腿、甩腰、涮腰、翻腰等。运用这种方法训练时，动作幅度应逐渐增大，速度也应由慢而快，以免肌肉拉伤。

（三）柔韧素质训练的注意事项

第一，应根据散打运动的特点，全面发展运动员的柔韧性，特别注重肩、胯部位的训练。同时，不能过分追求柔韧而影响关节的稳固性。

第二，在进行柔韧训练之前，应先进行一定的准备活动，使身体预热，以免肌肉拉伤。也可将其安排在其他练习的组间休息时进行。

第三，发展柔韧素质见效快，但消退得也快，而且随着年龄的增长有逐步退化的趋势，因此，柔韧训练应保持经常性，每次课都应有一定的柔韧练习。通常将其与散打课的准备活动和基本功训练相结合。

第四，柔韧性训练应和力量练习相结合，可以有效地避免单一素质的训练带来的不良后果，促进两者的协调发展。

二、力量素质及其训练

（一）力量素质的认知

力量素质是指人体神经肌肉系统工作时克服或对抗阻力的能力。肌肉力量是人们完成各种动作的动力之源，也是运动员取得优异运动成绩的重要保障，其水平高低不仅对速度、耐力等素质的水平有重要影响，也在一定程度上影响着运动员运动技术的掌握和战术的运用。

影响肌肉力量的因素很多：首先，肌肉力量与肌肉的体积有关，体积越大，力量越大，力量训练引起肌肉力量增加，主要是由于肌肉体积增加造成的。其次，肌肉收缩前的初长度与肌力大小有关。在一定范围内初长度越大肌力越大，但超过这个范围，肌力反而减小，因此，训练时应根据自身的情况寻找一个较佳值。再次，肌肉收缩的速度与肌力大小有关。在一定的负荷下，肌肉力量越大，收缩速度越快，因此，在进行力量训练时，就要根据不同的情况选择相应的负荷。对于散打运动员而言，由于快速力量及耐力更为重要，因而训练中就应更多地选择中小负荷的力量练习。最后，肌力大小还与肌肉的神经调节有关。中枢神经系统主要通过改变参与工作的运动单位数量和支配骨骼肌的运动神经冲动发放频率来影响肌肉力量。另外，在神经系统的调节下，改善了主动肌和协同肌、对抗肌和支持肌之间的相互协调关系，也可增加肌肉力量。因此，在训练中学会放松十分重要。除上述要素以外性别和年龄对肌肉力量也有影响。

力量素质的分类方法很多（表 3-1），但为了便于运动训练的组织与实施，通常将其分为最大力量、快速力量和力量耐力。

表 3-1 力量素质的分类

分类	依据名称
与运动专项的关系	一般力量、专项力量
与体重的关系	绝对力量、相对力量
运动素质	最大力量、快速力量、力量耐力
肌肉收缩形式	向心收缩、等长收缩、离心收缩、等动收缩
动力学特征动	力性力量、静力性力量
用力方式	克制性力量、退让性力量、支撑性力量、混合性力量

（二）力量素质训练的常见方法

力量训练最主要的途径就是抗阻力练习。虽然近年来兴起的电刺激法效果似乎更为明显，但毕竟只是一种辅助的训练方法。考虑到训练的实际，此处主要对抗阻力训练展开论述。

1. 最大力量训练

最大力量是指人体肌肉在随意收缩中所能表现出来的最大力值。由于散打运动员在比赛过程中很少需要表现最大力量，因此，散打运动员的最大力量在众多运动项目中并不算优秀，况且，最大力量训练容易造成肌肉粗大，对控制体重不利。因此，散打运动员最大力量的训练比例相应较少，通常应控制在 30% 或 20% 以内。

发展最大力量的负荷强度一般采用次极限或极限负荷强度，通常在最大力量的 75% 以上。若以 RM（最大重复次数，即某一肌肉或肌群在疲劳前对某一指定的负荷最多连续重复练习的次数）来表示，则其负荷通常为 6RM 以下。有研究表明，3 组 6RM 负荷的练习，不仅经济而且力量增加较为明显。当然，还有多种负荷重量和重复次数的搭配方式较为有效，在训练中应根据自身的情况选择一个较佳的方案。训练中还应该不时地变换负荷重量，如穿插一些极限强度的训练，以使肌肉得到更深度的刺激。在进行最大力量练习时，间歇的时间应使运动员的机体基本得到恢复，再进行下一组练习。

发展最大力量的常用手段有：①负重练习，如常见的负重卧推、深蹲、抓举、挺举等；②击靶练习，击打胸靶、击打墙靶、击打同伴的主动迎击靶等；③对抗练习，双人顶、推、拉，以及双人对抗抱摔等。

2. 快速力量训练

快速力量也称速度力量，兼有力量与速度的双重特征，它是指肌肉在尽可能短的时间内发挥出尽可能大的力量的能力。快速力量在散打运动中占有极其重要的地位，运动员的任何一个技术动作都需要在最短的时间内给予对方最沉重的打击，没有良好的快速力量作后盾，就不可能成为一名优秀的散打运动员。因此，散打运动员的快速力量训练，在整个力量训练的计划中应该占有较大的比重，通常不低于40%或50%。

发展快速力量的负荷，一般采用中小负荷的强度，通常为最大力量的30%~60%，若以 RM 来表示，负荷通常为 8~15RM。训练时也有仅以克服自身体重进行练习的方式。一般而言，采用 8~15RM 的负荷训练，肌纤维增粗不明显，而速度力量和力量耐力均有提高，以速度力量提高最为明显。显然，这种负荷对需要严格控制体重的散打运动员来说最适宜。据此，有"负荷到 8，训练到 12"的力量训练原则，即力量训练时采用一次最多连续重复 8 次的负荷重量，当随着力量的增加，8RM 的重量已能连续重复 12 次时，就要增加新的重量，使新的负荷再次成为 8RM。当然，由于快速力量训练的负荷区间较大，还有许多负荷和重复次数的搭配方式。当负荷较大时，每次可重复 8~10 次，负荷较小时则可重复 10~12 次。重复练习的组数以不降低快速节奏和重复次数为准，通常为 3~5 组。间歇时间应以机体基本恢复为准。

发展快速力量的常用手段有：①克服自身体重练习，如连续快速单腿平地跳或台阶跳、蛙跳、台阶冲刺跑、连续快速俯卧撑双拍掌等；②负重练习，连续快速卧推杠铃、负重深蹲跳或交换步跳、抓举杠铃、连续快速高翻杠铃、绑沙袋拳法或腿法练习、摔布人或沙包、靠摔木桩或假人等；③击打练习，绑沙袋快速击打手靶、脚靶或击打沙包等，去除沙袋后击打手靶、脚靶或沙包等;④克服弹性物练习,拉橡皮带或拉力器冲拳踢腿等;⑤对抗练习,双人抢位快摔等。

3.力量耐力训练

力量耐力是指肌肉保持长时间克服阻力的能力,兼有力量和耐力的双重特征。现在的散打比赛异常激烈,不到比赛的最后关头,往往难以决定胜负。这需要运动员具备良好的力量耐力,以保证在比赛的最后阶段技战术的正常发挥,能够在对方体力不支、反应变慢的时候,给予其沉重的打击。因此,力量耐力在散打运动员整个力量训练计划中应占一定比重,通常在30%以上,而且以快速力量耐力为主。

发展力量耐力的负荷一般采用小负荷或克服自身体重的方式,通常在力量的40%或30%以下。若以RM来表示,则其负荷通常为15RM以上。一般而言,30RM负荷的力量训练,可以使肌肉毛细血管网增多、肌肉内有关有氧代谢酶的活性提高,可有效改善肌肉耐力,但对力量和速度提高不明显。结合散打运动的实际,在进行力量耐力训练时,负荷以18~22RM为宜。重复练习的组数通常为5~8组。组间的间歇时间以发展的目的不同而有所差异,若只发展快速力量耐力,可待机体基本恢复后再进行下一组练习,若为发展普适性力量耐力,那就应在工作能力尚未完全恢复时,就进行下一组练习。

发展力量耐力的常用手段与发展快速力量的常用手段基本相同,主要是练习时两者的负荷特征有区别。力量耐力练习的负荷重量更轻、一次重复练习的次数和重复练习的组数更多,以使肌肉产生疲劳为原则。力量耐力的训练还可以将几个练习手段编组进行循环练习,如手持轻哑铃拳法练习+绑沙袋腿法练习+扛摔沙包+肋木悬垂举腿或举腿绕环+负重俯卧体后屈+连续快速轻杠铃深蹲跳起+连续快速轻杠铃卧推+双人揉摔对抗,这样不仅将技术动作融入其中,还可使上下肢、前后肌群和大小肌群的练习搭配在一起。循环练习的组数依运动员的不同情况有所区别,但组数不宜太少,应达到力量耐力的训练效果,通常为3~6组。组间间歇可以充分,也可以不充分。间歇方式以积极性的活动如放松跑为宜。

(二)力量素质训练的注意事项

第一,合理安排负荷强度是力量训练的关键。应根据力量训练的不同需要,合理地安排练习的负荷与重复次数的搭配方式。

第二，应根据散打运动的负荷特征，使不同肌群的力量得到协调的发展。

第三，应使在一般性力量训练中得到发展的力量素质及时转化到散打专项的技术中来，紧密结合专项技术动作来发展所需的力量素质。

第四，力量训练应遵循循序渐进的原则，初级运动员可以先采用较小负荷的力量练习，适应后再逐渐增加强度。

第五，通过训练，力量素质增长得较快，但停止训练后消退得也快。因此，力量训练应保持长期性和持续性。

第六，力量训练后应特别注重肌肉的放松，力量练习应与放松性、柔韧性练习或其他练习交替进行，以提高肌肉弹性，防止肌肉僵化。

三、灵敏素质及其训练

（一）灵敏素质的认知

灵敏素质是指"在各种突然变化的条件下，运动员能够迅速、准确、协调地改变自身的动作，以适应变化着的外环境的能力"。[1]灵敏素质是运动员各种基本运动素质、运动技能和心理感知能力的综合体现，是一种典型的复合素质。良好的灵敏素质不仅是掌握和完善各种高难复杂技术的基础条件，也是正确运用和发挥战术功能的重要保证，还可有效地应对各种意外事件和预防伤害事故的发生。

现代散打比赛中，不乏"以巧打拙"的成功战例，许多体重较轻的优秀选手，凭借良好的灵敏素质和灵活的游击战术，最终战胜了体重较大的对手。可见，良好的灵敏素质是成为一名优秀散打运动员的必备条件之一。在散打比赛激烈对抗、复杂多变的情况下，要求运动员必须迅速、准确、协调地完成技战术，而这三点正是灵敏素质的基本特征。

影响灵敏素质的因素很多，如神经过程的灵活性、时空判断的心理特征、速度和力量等各种基本素质的优劣、运动技能的储备量、动作结构的合理性，以及神经气质类型等，都对灵敏素质有着较大影响。

（二）灵敏素质训练的常见方法

由于衡量灵敏素质的标志，是运动员在各种复杂变换的条件下能够迅

[1] 叶伟. 散打运动训练理论与实践[M]. 北京：人民体育出版社，2004：97.

速、准确、协调地作出动作，因此，发展灵敏素质就主要从这三方面着手。首先，对于迅速性，主要发展运动员的反应速度和起动速度；其次，对于准确性，主要从运动员的时空判断、肌肉的本体感觉和专门化知觉多个方面着手训练；最后，关于协调性，可以从运动员的模仿能力和运动技能的储备量方面进行培养，可以采用大量非专项的技术动作，甚至是根本不熟悉的动作进行训练。另外，在对这三种能力分别培养的同时，还应注重将它们有机地结合起来，进行综合训练。

发展灵敏素质的练习，强度一般较大，要求神经的兴奋性较高，因此，练习的时间不宜过长，练习的次数不宜过多，组间休息时间要充分，以免影响训练的效果。可以采用下列一些具体方法进行练习。

第一，单人练习。立卧撑转体跳、立卧撑前后交叉拍脚、象限双脚跳、十字变向跑、换步蹲跳、撤换步手触地往返跑，各种步法练习中的突然变向、急停、起动等。

第二，假想练习。在移动的步法中，假想散打比赛中的各种突然情况，随机应变地突然做动作，如躲闪、进攻、防守、防守反击等。

第三，对抗练习。一对一地巧妙触摸对方肩部、踩踏对方脚尖等。在规定的区域内，一人防守，另一人在不许推、拉的情况下设法突破防守进入对方区域等。

第四，游戏法。传统的贴人、打小鸟游戏等。

第五，其他练习。篮、排、足、乒乓球等各种球类项目和竞技体操、健身操等。

（二）灵敏素质训练的注意事项

第一，由于灵敏素质对运动员神经系统的兴奋性要求较高，因此，练习多安排在训练课的前半部分，在运动员体力充沛、精神饱满时进行。但散打比赛的后期也要求运动员具有较高的灵敏性，因此，也应适当在训练课结束之前运动员疲劳时安排一定的灵敏素质训练。

第二，由于灵敏素质的发育敏感期在 7~12 岁，因此，应从少儿时期就抓好灵敏素质的训练。

第三，灵敏素质是一种复合素质，必须抓好各相关基本素质的训练。

第四，灵敏素质的训练应注重和散打专项的技战术训练有机结合起来，促使专项灵敏素质的发展。

四、速度素质及其训练

（一）速度素质的认知

速度素质是指人体快速运动的能力。通常依其表现形式分为反应速度、动作速度和位移速度。在散打运动中，这三者是综合表现出来的，其特点是在攻防多变的情况下，要求运动员能将三者最大限度地表现出来。

1. 反应速度

反应速度是指人体对外界信号刺激作出有意识应答的速度，它应从信号刺激的出现到运动员作出动作反应的时间予以衡量，即反应时。反应时又根据刺激信号的多少和是否需要抑制某些反应，分为简单反应时、选择反应时和辨别反应时。后两者统称复杂反应时。在散打运动中，以复杂反应时为主，因此，训练时主要训练运动员的复杂反应。

反应速度的影响因素很多，其快慢主要取决于感受器的敏感程度（兴奋阈值的高低）、中枢延搁、效应器（肌纤维）的兴奋性。其中，中枢延搁又是最重要的。反应速度与中枢神经系统的灵活性与兴奋状态也有关。运动员在比赛时越兴奋，反应越快，当然，过度兴奋又会影响反应的准确性，因此，适当的赛前状态很重要。反应速度还与条件反射的巩固程度有关，这揭示着提高动作技能熟练性的重要性。此外，反应速度还与年龄等因素有关。在人的整个发展过程中，25 岁之前反应速度随年龄的增长逐渐加快，以后逐渐稳定，然后逐渐减慢。反应时的快速提高期在 9~10 岁。因此，在少儿期应奠定反应速度的训练基础。

从反应速度的影响因素来看，由于其主要由神经系统的结构和特性决定，而这又取决于遗传因素，所以，要想从根本上改变反应速度是不可能的。一般而言，同年龄的优秀运动员、一般运动员和普通正常人之间的反应时没有统计学意义上的显著差异，这似乎与常理相悖，优秀运动员的反应速度似乎要明显优于一般运动员和普通人。其实，运动训练一方面只是将受遗传因素决定的最快的反应速度开发出来；另一方面，运动训练可以使运动员积累起丰富的赛场经验，凭借经验，使他们对各种刺激的先行信息进行预测，使得注意的范围因预测而缩小，从而缩短反应时间，这就提示我们，像散打这种赛场情况瞬息万变的运动项目，培养运动员的预测能力对提高运动成绩至关重要。

2．动作速度

动作速度是指人体的某一部分完成特定动作的快慢，是技术动作不可缺少的要素，它既可以相对于身体外部的参考而言，也可以相对于身体其他部位而言。在散打运动中，动作速度通常表现为拳法击打的速度、腿法蹬踹的速度、摔法发力的速度，以及防守时躲闪和格挡的速度等，此外，组合动作的连接速度，即通常所说的动作频率也包含在内。

动作速度的快慢受许多因素影响。首先，中枢神经系统的功能对动作速度影响很大，如神经系统发出指令的强度越大，动作速度越快；神经系统对不同肌群工作的协调性越好，动作速度越快；条件反射越巩固，动作技能越熟练，动作速度也越快。其次，参与运动肌肉的生理特性和物理特性对动作速度的影响也很大。例如，快肌纤维的百分组成越高，动作速度越快；肌肉内速度素质的能量物质基础 ATP、CP 的含量越高，以及促使ATP 分解后再合成的肌糖原在无氧状态下的分解释放能量水平越高，动作速度越快；肌肉的弹性越大，动作速度越快。另外，速度心理的感知能力对动作速度的影响也很大，速度心理感知能力越强，动作速度越快。

3．位移速度

位移速度是指人体在特定方向上快速移动的能力，它以单位时间内身体移动的距离为评定标准。对于散打运动员而言，位移速度有别于直线平跑，它具有一次性、间断性、多元性以及多向性的特征。在训练时，应根据散打运动位移速度的特征采取针对性的方法和手段。位移速度由步长和步频决定。除了腿长可以影响步长外，影响这两者的其他因素与影响动作速度的因素基本相同。

（二）速度素质训练的常见方法

1．反应速度训练

由于体育运动中人体的反应主要是对各种外界信号刺激作出有意识的应对行动，所以，信号刺激法是提高反应速度的基本训练方法。在散打运动中，各种信号刺激主要表现为视觉信号刺激、触觉信号刺激和听觉信号刺激。因此，在训练时应以这三种信号的不同表现形式对运动员进行反应速度的训练。

需要注意的是，由于赛场经验是运动员预测的依据，经验越丰富，对对方的预测越准确，运动员的反应速度会越快。因此，训练散打运动员的反应速度最重要的是提高他们的预测和判断能力，行之有效的手段就是经常地进行各种条件实战、实战和比赛，以及通过录像观摩提高预测和判断的能力。尤其是条件实战（俗称打反应），不仅能提高运动员的反应速度，同时也能极大地提高技战术运用能力，丰富实战经验，因此，它是散打训练中最重要、最经常采用的手段之一。训练实践中，还可以采用下列一些方法和手段提高运动员的反应速度和判断预测的能力。

（1）示靶击打。教练员事先规定好几个出靶的位置和靶面，以及运动员的相应击打动作，然后不规律地出靶，要求运动员快速、准确地用相应的动作击打。

（2）打移动靶。教练员或同伴拿靶，在移动中突然出靶，要求练习者根据不同的情况立即进行击打或组合击打。陪练人员也可以用靶反击，要求练习者迅速作出防守反击的动作。

（3）防反练习。规定一方主动进攻，一方防守反击。防反方根据进攻方的动作，立即进行相应的防守反击。既可采用接触式练习，也可采用不接触式练习；既可事先规定进攻动作和防反动作，也可进行任意的进攻与防守反击。

（4）揉摔练习。揉摔练习主要是培养运动员在摔法中的触觉反应速度。双方先抱缠住，一方使用轻快的摔法动作，控制住力度，要求练习者迅速作出相应的防摔和反摔动作。陪练者也可不控制力度，双方进行真摔实练。

在训练的实践中，还有许多手段和途径可以选择利用。广大教练员和运动员也可以发挥聪明才智，创新出富有成效的方法进行训练。由于在整个散打比赛的过程中，运动员都必须不断地作出各种选择性反应，因此，训练中应分别在运动员体力充沛时、疲劳时和非常疲劳时，安排相应的信号刺激进行训练。

2. 动作速度训练

由于动作速度总是体现在某一个技术动作或动作组合之中，如出拳的速度、出腿的速度、施摔的速度，以及拳、腿、摔之间的任意组合的速度等，因此，提高动作速度应与掌握和保持正确的技术动作紧密结合在一起，选择专项动作，或对掌握、完善专项动作有积极作用的亲缘性、过渡性练习方法。

神经系统发出指令的强度越大，动作速度越快，因此，在进行动作速度和平时训练课中进行基本功训练时，运动员的注意力必须高度集中，每一个动作都要求以最快的速度完成，并力求超过自身的最大速度。

动作速度的能量物质基础是高能磷酸盐系统和糖酵解的能量释放速率。因此，发展运动员动作速度最主要的方法就是大强度的重复训练法，其原则是每一次（组）练习以速度不降低为准，间歇充分，其手段是采用无负荷或轻负荷的技术动作练习。在训练实践中可以采用下列一些具体的练习方法。

（1）分解练习。将某一完整技术动作分解后，进行大强度的重复训练，如在训练侧踹腿的起腿速度时，对提膝摆髋这一技术环节进行高速强化训练。

（2）减阻练习。在进行动作速度训练之前，对所要训练的肢体或部位先进行 1~2 组的阻力爆发练习，利用肌肉的后效作用，再进行速度练习。

（3）变换练习。无负荷—轻负荷—无负荷—轻负荷的交替练习，如绑上沙袋与去除沙袋的拳法或腿法的交替速度练习。

（4）助力练习。利用外界的助力提高速度，如教练员在运动员出拳时拍击其肩部，使其提高出拳速度。

（5）声响刺激。在进行速度练习时，教练员可以利用高频率的声音节奏刺激运动员以提高动作速度和频率。

发展动作速度的方法和手段还有很多。例如，游戏和比赛法不仅行之有效，而且趣味盎然。在动作速度的训练过程中，要注意防止运动员"速度障碍"的产生。因此，训练时要注意培养运动员体会不同的速度感知能力，可以利用牵引或外界的助力来打破原有的速度定型，突破速度障碍。另外，运动员疲劳时最好不要进行动作速度的训练，否则，容易出现速度障碍或运动损伤。

3. 位移速度训练

拳谚中有"步不快则拳慢，步不稳则拳乱"的说法，强调了散打运动中下肢移动速度和身体重心转换稳定的重要性。而要达到这一要求：一要提高中枢神经系统兴奋与抑制的转换速度；二要提高腿部肌肉的力量，这是提高位移速度的最主要途径。散打的位移速度与田径运动的直线平跑特点不同，它具有一次性、间断性、多元性以及多向性的特征，需要在上、下、前、后、左、右不停地调整身体重心。因此，散打运动的位移速度训练有其自身的特点。在训练实践中，可以采用以下方法。

（1）高频率步法移动练习。短距离冲刺跑、高频率的小步跑、高抬腿跑、前滑步、后滑步、往返跑，以及高速单摇跳绳等。

（2）高频率步法转换练习。各种步法的前进、后退、左右移动的快速转换练习，也可以结合口令或手势练习，不仅练习移动速度，还可练习反应速度。

（3）腿部爆发力练习。快速单足跳、蛙跳、纵跳、冲台阶等。

（三）速度素质训练的注意事项

第一，紧密结合散打专项的速度特征进行训练。反应速度以视觉、触觉和听觉为主、动作速度应结合技术动作进行练习、位移速度结合各种步法进行练习。

第二，除反应速度的训练可安排在运动员疲劳时外，动作速度和位移速度的训练都应安排在运动员兴奋性高、情绪饱满时进行。

第三，防止运动员"速度障碍"的产生。出现速度障碍时，可以采用牵引性的外加助力练习，突破运动员的速度心理感知定型。

第四，速度训练的负荷强度应采用极限强度或次极限强度，持续时间应以不降低每一次（组）练习的速度为准，通常为15~30秒，间歇充分。

第五，速度素质的训练要和其他素质结合进行。散打运动尤其应注重速度耐力的训练。

第六，在进行速度训练时，应注重肌肉的放松与协调。

第五节　散打运动的智能训练

散打运动员智能就是指运动员在以操作思维为主的一般智力的基础上，在参加专项训练和比赛过程中所表现出来的专项信息加工速度、认知策略和反应认知方式的特征。

运动员所要求的智力，通常是从专项运动的特定情境出发来考察的。在特定的散打训练和比赛的情境中，运动员的智能总是表现为以观察能力为先导，以思维能力为核心，另外，想象能力在其中也起着十分重要的作用。在散打运动实践中，这三者又综合地表现为运动员把握战机的能力，即不断根据瞬息万变的环境迅速调整策略并及时采取应变措施的能力。

一、散打运动智能训练的方法

（一）观察能力训练

观察是进行思考的先导，为思考提供素材，但同时又离不开思维的指导。观察是在思维指导下对事物进行知觉的过程，在这一过程中，运动员注意的品质起着决定作用，即运动员注意的范围、注意的分配、注意的转移，以及注意的稳定性决定着运动员观察能力的高低。因此，在培养运动员的观察能力时，就应有目的、有计划地着重培养运动员注意力的各种品质。

培养运动员观察能力的基本方法，是在训练和比赛时经常布置观察的任务，培养运动员观察的习惯。在具体操作时，应使运动员明确观察时注意的范围、注意的重点，并指导运动员如何分配和转移自己的注意等。

在散打运动中，运动员的观察能力着重表现在对动作的动态规律和战机的本质规律的理性认识上，主要通过比赛录像和在比赛现场指导运动员进行观察，以及在条件实战和实战训练中通过运动员自身进行观察的途径来培养。在观察过程中，应将重点放在观察对方的姿态上，通过姿态判断对方的意图及其薄弱环节，从而为自己迅速地选择相应的动作和获得有利战机创造先决条件。

（二）思维能力训练

就思维能力而言，思维是以概念、判断和推理的形式，进行分析、比较、综合、抽象概括，以及将问题具体化的过程。在这一过程中，思维的深刻度、广阔度、敏捷性，以及灵活性等决定着思维的品质。因此，对运动员进行思维能力的训练，就是要使运动员学会思维的过程，即对问题如何进行分析、比较、综合、抽象、概括，以及将问题具体化，掌握思维的一般规律，培养良好的思维品质。

培养思维能力的基本方法是列举现象，指导运动员进行分析、比较、综合等，抽象与概括出事物的本质，并提出解决问题的方法。在散打运动中，应着重讲解散打技战术的原理，以及如何运用原理来选择攻防时机、进攻部位、攻防动作和战术等。

由于散打比赛中的情况瞬息万变，因此，在进行思维能力的训练时，运动员思维的敏捷性和灵活性的训练至关重要，其基本方法：一是限时要求运动员完成思维任务，而不必过于苛求思维的逻辑是否严密和正确与否；

二是在条件实战和实战训练中要求运动员不必完全依据准确的知觉和严密的思维，而凭借自己的直觉，换言之，凭借不完整的信息和先行信息，预测和判断对方的意图和可能采取的行动，从而迅速采取相应的行动。

二、散打运动智能训练的要求

第一，由于运动智能是以一般智力为基础的、带有明显专项特点的运动情境中的智力，因此，对运动员智能的训练既要进行针对一般智力的训练，更要进行在专项特定情境中的智力训练。

第二，智力是以知识为基础的，不存在缺乏知识的高度智力发展。加强运动员理论知识（包括专项理论知识）的学习，启发他们积极思维，有利于运动智能的发展。

第三，在进行智力训练时，要注意在理论知识的学习中针对运动员进行"元认知"能力的培养，即对认识事物的过程本身进行学习，使之明白认识事物的规律，学会分析归纳、判断、推理的方法。

第四，由于运动智能的测定和评价较为困难，目前还没有一套较好的办法予以准确地测量和评定，因此实际工作中教练员多是运用经验和直觉加以评定。今后应进一步研究解决，逐步建立起运动员智能测定和评价的制度。在进行测定和评价时，应主要结合散打专项训练和比赛的实践过程进行，在专项训练和比赛中考察运动员的智能水平。

第五，目前的研究不能表明优秀运动员的智能水平比一般运动员和普通人群更优秀，因此，在运用智力进行运动员选材时应谨慎行事。但通常情况下，优秀运动员应具有中等以上的智力水平。

第四章　散打运动员训练的科学保障

第一节　散打运动员的营养与恢复

散打运动训练同其他竞技运动一样，是疲劳—恢复—再训练—再恢复的循环统一过程。

在以往的运动训练中，许多教练员和运动员往往只重视运动训练过程中所应用的训练方法是否科学合理，运动训练中负荷强度、负荷量如何安排，而往往忽视运动训练后的恢复问题，多数运动员在运动训练后只是依靠自然恢复，或是依靠一些物理手段，如按摩、桑拿浴等加速肌肉疲劳的恢复，而不能及时、适量、合理配比地摄入营养物质，从而使运动后能源物质的恢复速率减慢，影响继续训练的效果。随着散打竞技水平的飞速发展，比赛越来越激烈，对体能的要求也越来越高，运动员必须不断地承受超负荷的刺激，才有可能提高竞技能力，而运动后身体恢复的质量又是机能水平提高和能否继续训练的关键。因此，今后的散打运动在追求科学训练方法的同时，运动员训练后的恢复显得越来越重要，尤其是营养恢复会占据重要的位置。

营养恢复是指在运动训练过程中，所消耗的营养物质在运动后通过摄入合理的营养膳食，以及补充合理的特殊营养物质促进营养素的吸收，以加速运动后营养物质恢复的过程。

在散打运动中，体能是构成运动员竞技能力十分重要的因素。如何在运动训练后加速运动性疲劳的消除，是提高运动员体能的重要环节。科学合理的营养补充是促进运动员体能快速恢复的重要手段，而且体能的快速恢复又是运动员反复承受超负荷训练刺激的重要保障。现在的体育生物科学，对合理的营养补充以促进运动员快速恢复进行了大量的研究，并已取得了大量的研究成果。但是，由于目前一些教练员、运动员缺乏基础营养学和运动营养的相关知识，不相信运动营养的功效，盲目地相信特殊营养且应用不合理，使得许多散打运动员的膳食营养摄入不合理，从而严重地影响体能的恢复，进而影响训练的效果。因此，加强教练员、运动员基础营养知识教育，在运动实践中使运动员能够摄入合理的基础营养物质，同时辅以科学合理的特殊营养物质的补充，将更加有利于运动员体能的快速恢复，这对运动训练效果的提高具有十分重要的意义。

营养恢复对散打运动训练的意义主要体现在五个方面：①科学合理的营养补充可以促进运动员运动后各种能源物质的快速恢复，有利于提高运动员承受再训练的能力，从而提高运动员的体能水平和训练效果；②科学的营养摄入有利于维持运动员训练期的合理体重，避免体重过度变化对训练效果的不利影响；③合理的营养摄入有利于维持运动员在控制体重期间的运动能力，对维持和提高运动训练效果具有积极意义；④合理的营养摄入有利于维持运动员在赛季低体重时的运动能力，是取得良好比赛成绩的重要保证；⑤科学的营养摄入是赛后运动员体重和体成分合理恢复的重要保障。

一、散打运动员的基础营养

营养素是维持人体生命活动和健康的最根本的物质，任何营养素的缺乏或过剩都会影响运动员的健康和竞技状态，从而影响到竞技能力的发挥。对于需要承受大负荷运动训练应激的散打运动员而言，营养素的合理补充是维持健康水平和运动能力的基础，也是保障运动员取得优异成绩的重要因素之一。

（一）基础营养的营养素分析

1. 水

水是仅次于氧气的维持生命所必需的物质，是维持人体正常生理活动的最重要的营养素之一。人体含水量占体重的 60%~70%，分布于机体所有的组织细胞内，一旦丧失水分达 20%时，生命就根本无法维持下去。水的生物学功能主要体现在六个方面：①构成体液；②维持电解质平衡；③所有化学反应进行的场所；④调节体温；⑤润滑作用；⑥运输作用。当水代谢失调时，机体内环境发生紊乱，进而影响人体正常的生理机能。因此，水对生命的重要作用是通过调节机体内环境的稳定来实现的。

2. 脂类

脂类广泛存在于动植物体内，也是人体重要的组成成分。脂类可分为脂肪、复合脂和类脂三大类。复合脂又分为磷脂、糖脂和脂蛋白，而类脂则主要是指类固醇及其衍生物。人体脂类的脂肪酸是由饱和脂肪酸和不饱和脂肪酸构成，大多数不饱和脂肪酸是人体所必需的，但不能合成，必须通过食物提供，这部分不饱和脂肪酸称为必需脂肪酸。不饱和脂肪酸在人体生命活动中发挥着极为重要的作用，因此必须在膳食中提供充足的脂类物质。

脂类在人体中的生物学作用主要表现为：①脂类是构成机体组织的组成成分；②脂类是血液中脂肪及类脂等不溶于水的脂类物质的转运载体；③脂类具有防震保护和保温隔热的作用；④脂类是脂溶性维生素吸收的载体；⑤脂肪是人体的主要能量来源；⑥脂类是合成胆汁酸、固醇类激素的前提。

3. 蛋白质

人体内一切最基本的生命活动过程几乎都与蛋白质有关。生命是蛋白体的存在方式，这句话揭示了蛋白质在生命活动中的作用。人体的生长、发育、繁殖、遗传以及运动等一切生命活动都离不开蛋白质。蛋白质是构成和修补人体组织的主要成分，也是调节人体生理机能的主要物质。蛋白质的生物学功能主要体现在七个方面：①以酶的形式起催化作用；②组成有机体的结构成分；③蛋白质运输各种物质的载体，并可以储存某些物质；④某些蛋白质具有激素的功能，调节物质能量代谢；⑤产生和传递神经冲动或激发细胞调节功能；⑥参与能量代谢；⑦免疫保护。

4. 维生素

维生素是一类维持人体正常生理功能和健康所必需的低分子有机化合物，这类物质只需少量即可满足维持正常生理功能的需要。虽然需要量很少，但由于这类物质在人体内不能合成或者合成量不足，必须通过膳食提供。一旦维生素缺乏将引起人体生理功能障碍和疾病。

维生素的种类繁多，化学结构差异极大，通常根据维生素的溶解性质将其分为两大类，即脂溶性维生素和水溶性维生素（表 4-1）。虽然维生素绝大多数不构成身体组织，也不能分解供热，但其营养价值是通过组成辅酶的形式参与体内的物质和能量代谢，并通过抗氧化和促进免疫功能发挥其生物学功能。因此，维生素是代谢调节、维持生理功能所不可缺少的营养素。

表 4-1　维生素的种类和功能

维生素的名称		生物学的功能	主要来源
脂溶性维生素	维生素 A	为视紫质成分，是硫酸转移酶的辅酶	鱼肝油、肝脏、奶油、胡萝卜素、绿色叶菜、水果
	维生素 D	诱导钙载体蛋白质的生物合成，调节钙磷代谢，促进钙、磷吸收，调节免疫机能	鱼肝油、肝脏、奶油、蛋黄、动物瘦肉、坚果类
	素维生素 E	抗氧化、维持细胞膜完整、保持正常免疫功能	谷类胚芽、植物油、水产品
	维生素 K	促进凝血酶原的合成	苜蓿、菠菜
水溶性维生	素维生素 B1	构成 α-酮酸氧化脱羧酶系的辅酶，维持神经传导	酵母、谷皮、麦麸、瘦肉
	素维生素 B2	以黄素腺嘌呤二核苷酸和黄素单核苷酸两种辅酶形式参与多种酶的构成，参与机体抗氧化系统和能源物质代谢	肝脏、酵母、蛋黄、黄色蔬菜、黄豆
	维生素 PP（B5）	是构成烟酰胺腺嘌呤二核苷酸、烟酰胺腺嘌呤二核苷酸磷酸的成分，参与能量代谢	豆类、酵母、肝脏、瘦肉
	素维生素 B6	是转氨酶的辅酶，参与糖代谢，并是许多神经介质合成和代谢的必需物质，参与一碳单位代谢	酵母、米糠、麦皮、肝脏、海产品、瘦肉
	维生素 B12	以甲基 B12 和辅酶 B12 参与机体生化反应，与骨髓造血机能有关	肉类、家禽、水产品、蛋类、乳制品和豆制品
	叶酸（B11）	为一碳基团转移酶的辅酶，提供甲基，参与造血	酵母、肝脏、叶菜
	泛酸（B3）	组成辅酶 A 的成分	蔬菜、酵母、肝脏
	生物素（B7）	与脂肪合成、二氧化碳固定有关	酵母、肝脏
	维生素 C	作为羟化过程底物和酶的辅助因子，抗氧化，促进铁吸收，提供机体免疫力	新鲜水果、新鲜叶菜、柿子椒
	维生素 P	维持毛细血管正常渗透功能	橘皮、柠檬、槐花

5. 矿物质

矿物质是人体的组成成分，约占体重的 5%。其中，含量较多的有钙、磷、钾、硫、氯、钠、镁七种元素。每日体内需要量在十分之几克到几克，称为常量元素。其他元素机体每日需要量从百万分之几克（微克）到千分之几克（毫克），称为微量元素。已知人体必需的微量元素有铬、铜、氟、碘、铁、锰、钼、硒、硅和锌等十四种。矿物质在体内虽然不供给能量，但对维持机体正常功能具有重要的作用。矿物质主要通过膳食来提供，其吸收部位主要在小肠。人体矿物质的流失途径主要通过尿、汗和粪便。

矿物质的主要生物学功能表现为：①构成机体组织的重要组织成分；②维持机体渗透平衡，对细胞内外水分的转移和物质交流十分重要；③维持体液的酸碱平衡和内环境稳定；④维持神经、肌肉的兴奋性；⑤矿物质是某些酶和激素的重要组成成分；⑥矿物质是组成血红蛋白、肌红蛋白的主要成分。

6. 食物纤维

食物纤维属于碳水化合物类物质，但由于组成食物纤维的葡萄糖构型与组成淀粉的葡萄糖构型不同，人体不能利用食物纤维来提供能量。以前食物纤维由于不能被人体直接利用而没有被列为营养素，近年来的研究发现，食物纤维对人体具有极为重要的作用，故将食物纤维称为第七营养素。食物纤维主要存在于粗粮、蔬菜和水果中，在日常膳食中应多吃一些粗粮和蔬果类食物，从中获取充足的食物纤维。

食物纤维在机体中所具有的生物学作用表现为：①在肠道中促进发酵，利于各种营养素的消化和吸收；②促进肠蠕动，有利于排泄；③可以吸附肠道中代谢的有毒物质，促进排泄，预防结肠癌；④可以吸收肠道中的油脂，有助于控制体重；⑤可吸收消化道中的胆固醇，从而有利于缓解心脑血管疾病的发生。

7. 糖或糖—碳水化合物

"糖又称碳水化合物，是自然界中存在最多、分布最广的一类有机化合物。"[1]绿色植物的根、茎、叶及果实中都含有诸如葡萄糖、果糖、蔗糖、淀粉和纤维素等糖类物质，在动物的组织和血液中也含有葡萄糖、糖原和含糖复合物等糖类物质。糖可分为三类（表4-2）。

表4-2　糖的分类

分类	亚组	组成
单糖	单糖	葡萄糖、半乳糖、核糖、果糖等
寡糖（2~10）	双糖	蔗糖、麦芽糖、乳糖、海藻糖等
	糖醇	山梨醇、甘露醇等
	异麦芽低聚	糖麦芽糊精等
	其他寡糖	棉子糖、水苏糖以及低聚果糖等

---

[1] 叶伟. 散打运动训练理论与实践[M]. 北京：人民体育出版社，2004：219.

分类	亚组	组成
多糖（≥10）	淀粉	直链淀粉、支裢淀粉、变性淀粉
	非淀粉多	糖纤维素、半纤维素以及果胶等

糖作为一种营养素是组成生物体的重要成分之一，并在生物体内发挥重要的生物学作用。糖是人体运动时最重要的能源物质，糖原和葡萄糖都可通过无氧和有氧代谢的方式释放能量。根据散打运动的特点，运动员体内糖储备的多少及其动用速率是影响运动训练时体能的最重要因素。

运动时糖的生物学功能主要表现在四个方面：①可储存和提供机体运动时所需的能量；②具有降低蛋白质分解的作用；③可调节脂肪代谢；④糖是中枢神经系统和红细胞的主要燃料。

（二）散打运动员所需的基础营养

1. 散打运动员所需的能量需要量

散打运动员一天的能量总消耗量是由静息代谢率、运动热能消耗、食物的生热效应和适应性生热作用四部分组成。

静息代谢率是指运动员在不运动时所消耗的能量。运动热能消耗是指运动员从事运动训练所消耗的能量，运动员运动热能消耗受体重、运动方式和运动量的影响，在进行大运动量训练时运动热能消耗可占每天总能量消耗的50%以上。食物生热效应是指食物在消化、转运、代谢和贮存过程中所消耗的能量，一般占总能量消耗的10%左右。适应性生热作用则是指由于环境温度、情绪应激、进餐，以及其他因素变化所引起的能量消耗，一般占总能量消耗的15%以下。

散打运动员在正常训练期间（非控体重）必须摄入与每天所消耗的总能量相等的能量，才能保证正常的生理活动和运动训练的需要。散打运动员每日膳食的热能摄入推荐量平均为3500千卡，相当于55±5千卡/千克体重。由于散打运动是一项对体重要求极为严格的运动项目，在平时训练期间要求运动员的体重维持在较为理想的范围。因此，运动员必须根据运动训练负荷的大小适当调整每日的热能摄入量，从而避免由于热能摄入过多或过少而影响身体机能水平和训练效果。热能摄入不当造成体重增加是散打运动员的大忌，这将给运动员降体重时带来极大的困难。因此，对于散打运动员而言，掌握和控制每日热能摄入量对控制体重、维持运动训练效果具有十分重要的意义。

2.散打运动员膳食营养存在的问题

膳食营养是保障运动员日常活动和运动训练所消耗的各种营养素摄入的主要自然渠道，这些营养素是参与机体组织结构的构建、能量的供应、机体新陈代谢及其调节、维持机体内环境稳定等各种生理生化反应和生命活动的关键。当前，散打运动员的膳食还存在营养结构不合理、营养素摄入不平衡的现象，而且随着生活水平的提高这种情况日趋严重。基础营养的失衡会导致运动员的机能代谢处于紊乱状态，对训练效果的提高和疲劳的消除、恢复产生诸多不利影响。而通过一些所谓特殊营养的补充想达到调节这些营养素的平衡，不但造成经费的浪费，而且效果也不理想。另外，由于散打比赛对体重要求十分严格，多数运动员在赛前往往需要降低体重，但采用的控体重方法不科学，使得运动员在控体重期的营养失衡更为严重。散打运动员膳食营养存在的问题具体如下。

（1）碳水化合物摄入严重不足。由于错误的营养膳食观念，使得现在许多运动员仍然认为肉即为营养，忽视了碳水化合物对大负荷强度运动训练的重要作用，从而将摄入更多的动物性食品作为促进身体机能恢复的重要标准。目前国际上和我国营养学会均主张，居民每天合理的膳食中，碳水化合物至少应占发热量的 50%~55%。运动营养专家则认为，运动员一天摄取平衡的混合膳食中，碳水化合物的供给量按其发热量计算应至少占总能量摄入的 50%对于散打项目，运动员膳食中碳水化合物的供给量在平时非降体重期间的训练期也应达到 50%~65%。但是，我国运动员（尤其优秀运动员）所摄入的碳水化合物只占总热能摄入的 40%甚至更低。因此，"糖营养不良"症是我国散打运动员营养中普遍存在的问题之一。

（2）脂肪和蛋白质摄入过多。一般而言，运动员的蛋白质需要量高于一般人。人们根据测定氮平衡的实验结果，认为运动员膳食中蛋白质的供应量应为总热量的 12%~15%，约为 1.2~2.0 克/公斤，脂肪的摄入量应为总热量的 25%~28%。由于散打运动员中普遍存在着肉就是营养的错误观念，加之一些烹调方式的不科学，致使膳食中脂肪和蛋白质的热能比远远超出了上述水平，有些高达 70%甚至更多。而且脂肪的摄入比例也不平衡，表现在饱和脂肪酸摄入过多，单不饱和脂肪酸和多不饱和脂肪酸摄入过少。高脂高蛋白膳食不但造成热能摄入过剩而增加体脂含量，还会对机体的内脏器官造成负担，同时影响机体对其他营养素的吸收。

（3）某些矿物质的摄入不足。金属元素在机体中起着极为重要的作用，对于维持运动员的运动能力具有积极意义。但是，对运动员进行的大量膳食营养调查结果表明，由于饮食习惯和膳食营养结构的不合理，运动员的某些矿物质摄入不足，主要表现在钙、铁和锌等金属元素的摄入不足。主要是散打运动员控体重时，由于要限制饮食和饮水，会加剧这些矿物质的缺乏，从而导致运动员身体机能的下降，进而影响运动员的运动能力。

（4）控体重方法不合理。散打运动员在控体重时期为了能够使体重达到比赛的要求，往往在赛前一段时间采用禁食的方法，并且还要坚持训练。由于正常的生命活动需要消耗各种营养素，这些营养素大部分必须通过外界补充才能满足机体的需要，才能够维持生命的正常活动，而运动员进行大负荷的运动训练加剧了各种营养素的消耗，采用禁食的方法导致运动训练过程中和正常的生命活动所消耗的营养素无法得到恢复，加剧了各种营养素的失衡，造成体能的显著降低，从而影响运动员在比赛中正常水平的发挥。

3. 散打运动员平衡膳食营养的建议

平衡营养是运动员合理摄入营养膳食的保证，也是解决膳食营养中所存在的问题的主要手段。根据对人日常生活的能源消耗和膳食营养素摄入的大量研究结果，同时结合我国体育工作者对运动员膳食营养进行的大量调查研究结果提出的改进意见，提出具体的平衡营养建议。

（1）膳食营养摄入时严格遵守膳食营养金字塔（图4-1）。

（2）增加奶制品、豆制品、蔬菜和水果的摄入比例，适当生食部分蔬菜。

（3）养成良好的饮食习惯，加强早餐的品种配给，注重早餐和午餐的质量和数量，按照早餐占25%、午餐占40%、晚餐占35%的比例进行一日三餐科学地分配。

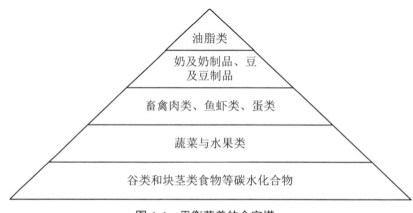

图4-1 平衡营养的金字塔

（4）坚持做到"四多三少"，即主食、蔬菜、水果、奶制品（或豆制品）多，油脂、肉类、油炸食品少。

（5）碳水化合物（淀粉和多糖）达到膳食总热能的 50%~65%；适量地摄入蛋白质（占膳食总热能 15%）；控制脂肪的摄入量（占膳食总热能 25%），特别要控制饱和脂肪酸的摄入，例如，黄油、人造黄油、动物脂肪、内脏器官。

（6）加强对运动员膳食营养的监控。

（7）增加运动训练过程中运动饮料的摄入，做到少量多次。

二、散打运动员训练后恢复

运动员在承受大负荷的运动训练刺激后必然导致疲劳，由疲劳至恢复，再至超量恢复，是运动训练的必然提高过程。其中，运动后通过科学的营养补充和合理的恢复手段使各种营养物质快速恢复，是运动员身体疲劳恢复的重要途径，对运动员承受再训练的能力至关重要。下面以水、蛋白质、碳水化合物以及消除疲劳的物理手段为例进行分析。

（一）水的补充

水在人体内发挥着十分重要的作用，水是机体内所有能源物质合成和分解的必需物质，而且具有运送养料、氧气并运走废物、维持正常体温的作用。所以，在运动后适时补水对运动后维持人体正常的水平衡具有十分重要的意义。

1. 运动时脱水

在运动训练过程中，由于肌肉收缩使能量消耗增多，体内产热也相应增加，加之运动训练过程中肌肉摩擦也会产生大量的热量，人体产生的热量主要是通过血液带到皮肤，再通过出汗调节体温。所以，出汗和蒸发汗是运动机体散热的一条重要途径，对维持生理功能极其重要。

运动时出汗的数量依赖于运动强度、体表面积和环境温度。运动员在冷而干燥的环境下运动时，每小时排汗相对较少，但一般也会达到 0.5~1 升，而在炎热的环境中进行运动训练时，每小时排汗量会远远超过 2 升，在高湿、高热环境下运动训练时出汗量甚至会超过 5 升。大量出汗会导致体液（细胞内液和外液）和电解质的流失，使体内正常的水平衡和电解质平衡被破坏，体温升高，脱水的症状也随之而来。所以，运动时大量出汗是运动员脱水的主要原因，也是影响运动训练效果的重要因素。因此，在运动后合理地补水是促进体液平衡的关键。

2．运动后补水的原则

散打是一项高强度的搏击运动，运动后正确地补水是非常重要的。以下是散打运动员运动后补水的原则。

（1）及时补水。及时补水是保持身体健康和运动效果的关键。在进行散打运动后，身体会通过出汗和呼吸等途径失去大量的水分。因此，运动结束后的 30 分钟内开始饮水是至关重要的。这个时间段内的补水是为了尽快恢复体内的水分平衡。当我们进行高强度的散打运动时，身体会因为出汗而失去大量的水分。这会导致身体脱水，影响运动表现和身体功能。及时补水可以帮助恢复体内的水分，以保持身体的正常功能。

在运动结束后的 30 分钟内开始饮水有以下重要的原因：首先，这段时间是身体对水分需求最高的时候，及时补充水分可以帮助迅速恢复体内的水分平衡，防止脱水引起的不适和健康问题。其次，运动后的 30 分钟内饮水可以帮助促进身体内的代谢和废物排除，有助于恢复和修复肌肉组织。最后，及时补水还可以帮助提高身体的运动适应能力和恢复能力，为下一次训练做好准备。

在选择补水饮品时，最好选择清水或运动饮料。清水是最基本的补水选择，而运动饮料可以提供额外的电解质，帮助平衡身体的电解质水平。根据个人需求和口感偏好选择适合自己的饮品。

总而言之，及时补水是散打运动员保持身体水分平衡和促进恢复的关键。在运动结束后的 30 分钟内开始饮水，可以最大程度地满足身体的水分需求，维持健康状态，并为下一次的训练和比赛做好准备。

（2）补充足够的水分。补充足够的水分对于散打运动员的身体恢复和维持水平至关重要。为了确定合适的饮水量，个人体重和运动强度是两个关键因素。

根据个人体重和运动强度，可以大致估计每消耗 1 千卡的能量需要摄入大约 1 升的水，这个估计值是基于一般情况下的水分需求，因为每个人的体质和代谢率不同，实际需求可能会有所变化。运动过程中出汗和流失的水分需要被及时补充，以维持身体的水分平衡。补充与流失相当的水分是关键。当进行高强度的散打训练时，身体通过出汗和呼吸途径失去大量的水分。这种水分流失如果得不到及时补充，会导致脱水、疲劳和运动能力下降。因此，补充足够的水分对于维持身体功能和恢复非常重要。

要确保补水量与流失相当，可以进行一些简单的测量。在运动前后称量体重，计算在运动过程中体重的减少。每减少 1 千克的体重对应约 1 升的水分流失。因此，需要通过饮水来补充相应的水分量。当然，这只是一种粗略的估计方法，个人体感和情况也需要考虑在内。

总而言之，补充足够的水分是散打运动员在运动后保持身体水分平衡和促进恢复的关键。根据个人体重和运动强度，确定合适的饮水量，补充与流失相当的水分是确保身体健康和运动表现的重要因素。保持良好的饮水习惯，确保充足的水分摄入，有助于提高体能水平、加快康复速度，并促进整体健康和表现。

（3）平衡电解质。平衡电解质是散打运动员在补水过程中的另一个重要考虑因素。运动后，身体不仅会流失水分，还会失去一定量的电解质，如钠、钾等，这些电解质在维持体内水平衡、神经传导和肌肉功能方面起着关键作用。因此，在补水过程中选择含有适量电解质的饮料或运动饮料，可以帮助平衡体内的电解质水平。

电解质是身体细胞内外的带电粒子，对于维持正常的细胞功能和身体平衡至关重要。在高强度的散打运动中，随着出汗和运动量的提升，身体会流失大量的电解质。如果不及时补充，电解质的平衡可能会被打破，导致肌肉痉挛、疲劳和运动能力下降，这些饮料通常会提供一定比例的钠、钾等电解质。运动饮料是一种专门设计用于高强度运动补水和能量恢复的饮料，其中的电解质含量会更为丰富。选择适量电解质饮料可以帮助恢复体内电解质的平衡，提供充足的能量，并促进身体的恢复和修复。然而，需要注意的是，过量的电解质摄入也可能对身体造成负面影响。因此，在选择含有电解质的饮料时，要遵循适量的原则，并根据个人的情况和需要进行选择。

（4）分次饮水。分次饮水是散打运动员在补水过程中的一个重要原则。相对于一次性大量饮水，小口小口地分次饮用更有利于身体吸收和利用水分。

当我们一次性大量饮水时，身体可能无法有效地吸收和利用这么多的水分，这可能导致不适感、腹胀甚至引起恶心。此外，一次性大量饮水还可能增加肾脏的负担，使尿液排出过多的水分，导致水和电解质的失衡。相比之下，分次饮水可以更好地满足身体的需求并促进水分吸收。通过小口小口地饮用，我们可以逐渐满足身体的补水需求，避免过度饮水。这样有助于身体逐渐吸收和利用补充的水分，同时减少不适感和腹胀的可能性。

此外，分次饮水还可以帮助维持血液浓缩度的稳定。当我们一次性大量饮水时，血液浓缩度可能会显著降低，这可能对身体的功能和表现产生不利影响。通过分次饮水，可以更好地控制血液浓缩度的变化，维持身体在运动中的稳定状态。分次饮水的具体方法可以是每隔一段时间喝一小口水，或者设置固定的时间间隔进行补水。具体的饮水频率和量应根据个人情况、运动强度和环境条件进行调整。

总结而言，分次饮水是散打运动员补水过程中的一个重要原则。通过小口小口地分次饮用，可以更好地满足身体的需求，促进水分吸收和利用，减少不适感和腹胀，同时帮助维持血液浓缩度的稳定。在补水过程中，合理控制饮水频率和量，根据个人情况进行调整，以保持身体的水分平衡和健康状态。

（5）避免过度饮水。在进行散打运动时，虽然补水至关重要，但我们也需要避免过度饮水。过度饮水可能导致低钠血症，对身体健康产生不利影响。因此，根据个人情况和运动强度，适量补水是非常重要的。

低钠血症是指体内钠离子的浓度过低，通常与过度饮水和大量出汗有关。当我们过度饮水时，身体内的钠离子稀释，导致钠浓度过低。这可能引起一系列不适症状，如头痛、恶心、抽搐、疲劳和混乱等。为了避免过度饮水，我们应该根据个人情况和运动强度来衡量合理的补水量。每个人的水分需求是不同的，取决于体重、代谢率和环境条件等因素。因此，没有一个标准的补水量适用于所有人。

在进行散打运动时，我们应该密切关注自己的身体信号。口渴是身体需要水分的一个明确信号，但并不是唯一的指示器。我们还可以通过观察尿液颜色来判断身体的水分状况。淡黄色的尿液是正常水分摄入的指标，而过度补水可能导致无色或清澈的尿液。此外，应根据运动的强度和时间来调整补水量。在长时间或高强度的散打训练中，水分需求可能会增加。但我们仍然要避免一次性大量饮水，而是采取分次饮水的原则，并根据个人感受适量补水。

（6）注意个人体征。除了根据个人情况和运动强度来确定补水量外，注意个人体征也是判断是否补水足够的重要指标。每个人的水分需求和耐受能力是不同的，因此需要关注自己的体感和尿液颜色等指标，以评估是否需要补充更多的水分。

观察尿液颜色是一个简单而有效的方法来判断个人的水分状况。淡黄色的尿液通常被认为是正常水分摄入的指标。如果尿液颜色过深，说明体内水分浓度较高，可能是由于脱水或水分不足引起的。这时候，应该增加水的摄入量来补充水分。相反，如果尿液颜色过清或无色，可能表示过度饮水或过量排尿，此时可以适当减少饮水量。此外，个人的体感也是补水足够与否的重要参考。口渴是身体需要水分的明确信号，如果感到口渴，说明身体已经开始脱水。其他体感方面的指标，如口干、喉咙干燥、疲劳感等，也可能提示身体需要水分补充。通过注意这些体感反应，可以在运动过程中适时地补充水分，维持身体的水分平衡。

然而，需要注意的是，个人的体感和尿液颜色仅作为参考指标，而不应该作为唯一的依据。最准确的判断仍然是根据个人的整体情况来综合评估。如果在运动过程中感到异常疲劳、头晕、恶心等症状，即使尿液颜色正常，也应该考虑补充适量的水分。

（二）蛋白质的补充

散打运动员在进行训练和比赛后，蛋白质的补充对于促进肌肉修复和恢复是非常重要的。蛋白质是身体构建和修复组织所必需的营养物质，它对于肌肉的生长和修复至关重要。以下是关于散打运动员蛋白质补充的一些建议。

第一，摄入足够的蛋白质。确保每天摄入足够的蛋白质是关键。一般来说，散打运动员的蛋白质需求量可能比普通人更高。建议每天摄入约 1.2 克至 2 克蛋白质/千克体重。这可以通过食物和蛋白质补充剂来实现。

第二，均衡蛋白质摄入。优先选择优质蛋白质来源，如瘦肉、家禽、鱼类、豆类、蛋类和乳制品等。这些食物提供了丰富的氨基酸和其他重要营养物质，有助于支持肌肉修复和生长。在每餐中合理分配蛋白质的摄入量，以保持均衡的营养摄入。

第三，饮用蛋白质补充剂。蛋白质补充剂可以是一种方便的方式来满足蛋白质需求。散打运动员可以选择乳清蛋白粉、大豆蛋白粉或其他植物蛋白粉，根据个人喜好和需求来选择适合的补充剂。但是，应该注意保持适度摄入，避免过量使用蛋白质补充剂。

第四，补充蛋白质的时机。在训练后的 30 分钟至 2 小时内摄取蛋白质是最为重要的时机，因为此时身体对蛋白质的吸收和利用能力较强。在这个时间段内摄入含有高质量蛋白质的食物或补充剂，有助于促进肌肉修复和生长。

第五，维持水合状态。蛋白质的代谢需要充足的水分。因此，在补充蛋白质的同时，不要忽视补充足够的水分，以保持身体的水合状态。

需要注意的是，蛋白质的补充应该结合个人的训练目标、身体状况和饮食习惯来进行。如果你有特殊的膳食需求或健康状况，最好咨询营养师或医生的建议，以确保蛋白质的补充符合你的个人需求。

（三）碳水化合物（糖）的补充

在运动前、运动中和运动后补糖可以提高长时间耐力性运动项群（如马拉松、铁人三项、公开水域比赛、长距离自行车、越野挑战赛等项目）的运动能力。以前认为糖不是影响高强度间歇性运动项目运动竞技能力的因素，因此，在散打运动员训练过程中只要机体糖贮备不是过低，一般不考虑补糖。而近年来随着人们的认知不断提高，持续数分钟或数十分钟的高强度、间歇性散打项目，在运动训练和比赛过程中补糖有利于提高运动训练效果和运动能力的维持。

1. 补糖的主要目的

补糖的目的是提高运动时机体的供能能力，但是，不同时间补糖所达到的效果略有区别。运动前补糖主要是为了提高体内肌糖原、肝糖原的储备量，这对于运动训练过程中维持血糖水平和能量来源具有重要意义。运动中补糖的目的主要是为了提高血糖水平、节省肌糖原，为中枢神经系统提供充足的能量来源，从而提高长时间的运动能力。运动后快速补糖是为了加速运动中所消耗的糖贮备的恢复，从而使运动员训练中所消耗的最重要的能源物质快速恢复，提高运动员承受再训练的能力。

2. 补糖的常用方法

补糖最主要的方法是在基础膳食中使碳水化合物达到总热量的 55% ~ 65%。对于散打运动员训练后补充糖，是为了促进糖的快速恢复，在膳食中注意选择高血糖指数（GI）食品。高血糖指数的食品可以促进胰岛素的分泌，有利于机体糖贮备的快速恢复。

（1）运动前补糖。一般而言，在训练和比赛前的 20 分钟内补糖效果最佳，既可使肾上腺素等分泌增加，又可使胰岛素分泌下降，从而有利于运动能力的提高。在运动前补糖一般宜采用液态糖为佳，多糖食品中可溶性淀粉在运动时的氧化速率较高，为 0.9 克/分钟，且 GI 不高，故选择可溶性淀粉效果较好。

（2）运动中补糖。运动中补糖一般采用 5%~10% 等渗或低渗含糖饮料，以少量多次的方式饮用，补糖量不应超过 60 克/小时或 1 克/分钟，避免对胃肠道产生不利影响。由于葡萄糖的渗透压较高，一般在运动饮料中主要以低聚糖和小分子淀粉为主，这是因为它们的渗透压较低，仅为葡萄糖的1/4，且甜度小，吸收也快。因此，由低聚糖或小分子淀粉配制的运动饮料可以为机体提供充足的糖。运动界常用的运动中补充的能量泵填充剂饮料，主要由低聚糖或中低分子的淀粉、果糖、柠檬酸、牛磺酸、无机盐、维生素、肌酸等组成。

（3）运动后补糖。关于散打运动后补充碳水化合物（糖）是为了恢复身体的能量储备。碳水化合物是身体主要的能量来源，通过补充碳水化合物可以帮助恢复疲劳的肌肉，并补充消耗的能量。以下是关于散打运动员运动后补充碳水化合物的一些建议。

第一，选择适当的碳水化合物。优先选择复杂碳水化合物，如全谷类食物（燕麦、全麦面包、全麦米饭）、蔬菜和水果等。这些食物提供了健康的碳水化合物，同时富含纤维、维生素和矿物质。

第二，补充快速消化的碳水化合物。在运动后的 30 分钟内摄入一些快速消化的碳水化合物，例如水果、果汁、能量棒或高糖食物。这些食物能够快速提供能量，促进肌肉的恢复和糖原的再合成。

第三，控制碳水化合物摄入量。补充碳水化合物的数量应根据个人的运动强度和身体需求来调整。一般建议每公斤体重摄入 0.5 克至 0.8 克的碳水化合物。根据个人情况和目标来确定合适的摄入量。

第四，注意均衡饮食。除了补充碳水化合物外，也应该注意保持均衡的饮食。包括摄入足够的蛋白质、健康脂肪和各类营养素，以支持全面的身体恢复和发展。

第五，个人化补充计划：每个人的身体状况和运动需求是不同的，因此需要根据个人情况制定适合自己的补充计划。如果你有特殊的膳食需求或健康状况，最好咨询营养师或医生的建议，以制定个性化的补充方案。

（四）消除疲劳的物理手段

运动训练必然会导致运动性疲劳，这是人体自我保护的一种正常生理现象，没有疲劳的训练是无效的训练。但是，疲劳程度过深或疲劳恢复速度过慢则影响运动员的再训练，因此，如何通过科学的物理手段加速疲劳的消除是当今的研究热点。目前采用的促进疲劳消除的主要物理手段有以下方面。

第一，充足的睡眠。充足的睡眠是消除疲劳的基本方法之一，也是必不可少的体力恢复过程。良好的睡眠不但可以保证体力的恢复，而且人体的生长激素在睡眠过程中会大量分泌，其分泌的数量与睡眠时间、次数和睡眠质量都有密切关系，生长激素具有促进机体各种物质快速合成的作用。因此，充足和高质量的睡眠有利于运动员身体机能的恢复。散打运动员应保证一天两次高质量的睡眠，午睡应在 2 小时左右，而晚上的睡眠时间应保证不得少于 8 小时。

第二，热水浴和桑拿浴。训练或比赛后进行热水浴，可促进全身血液循环和新陈代谢，加速代谢产物的消除，有利于营养物质的运输和肌肉机械性疲劳的消除。热水浴的温度一般为 40℃左右，每次 10~15 分钟，不要超过 20 分钟，浴后睡觉。桑拿浴同样能够加速全身血液循环和新陈代谢，加速代谢产物的消除，有利于营养物质的运输和肌肉机械性疲劳的消除。目前桑拿浴是运动员普遍采用的一种运动后促进疲劳消除的物理手段。但值得注意的是，桑拿浴时应注意运动员的个体反应，切忌时间过长，导致机体脱水过多而发生昏厥等不利于健康的现象。

第三，按摩。按摩是一种良好的物理刺激，对神经系统可起兴奋和抑制作用，通过神经反射，影响各器官的功能，同时缓解运动训练过程中所造成的肌肉挛缩，对促进肌肉疲劳的消除十分有利。按摩时的手法、作用强度、持续时间等因素对神经系统的影响，是通过神经体液的调节机制和经络的传感进行的，起到调整身体机能状况、增强人体免疫功能和抗病能力的作用。按摩使肌肉中毛细血管扩张，使被按摩肌群的营养改善，有利于加速肌肉中的乳酸清除，因而可产生消除疲劳、缓解肌肉挛缩、提高肌肉工作能力的效果。按摩还可增强肌腱和韧带的弹性和活动幅度，从而使关节活动范围增大，有利于关节活动障碍的早日恢复。因此，按摩是消除疲劳的重要手段。按摩可用手、水或电动器械进行。

第四，理疗。理疗是利用各种物理治疗手段来加速肌肉疲劳的消除。目前运动队采用的理疗方式主要有远红外线治疗仪、红外线治疗仪、热敷、针灸等方式。无论采用哪种方式，都是通过促进机体的血液循环、加速代谢产物的消除和营养物质的转运，缓解肌肉的挛缩，从而促进肌肉疲劳的消除。

第二节　散打运动员的疲劳与消除

一、散打运动员的训练疲劳

所谓训练疲劳是指"在训练过程中，运动员通过承担运动负荷所引起的身体机能下降的现象"。[①]

（一）散打运动员训练疲劳的理论

关于运动员训练疲劳产生机制的理论，最具代表性的主要包括：第一，"衰竭"学说，认为疲劳产生的原因是能量物质的耗竭；第二，"堵塞"学说，认为疲劳的产生是由于代谢产物在器官组织中的堆积；第三，"内环境稳定性失调"学说，认为疲劳是由于血液 pH 值下降，水盐代谢紊乱和血浆渗透压改变等因素引起的结果；第四，"保护性抑制"学说，认为无论是体力还是脑力疲劳是由于大脑皮质产生了保护性抑制。

训练疲劳可以分为躯体疲劳和心理疲劳。躯体疲劳主要表现为运动能力下降，心理疲劳主要表现为行为的改变。总而言之，训练疲劳的发生和发展不是单一因素造成的，而是机体多因素发生综合性变化的结果。

（二）散打运动员训练疲劳的作用

训练负荷是训练内容、训练方法、训练运动量的客观反映，训练疲劳是运动负荷、训练效果在人体机能上的客观反映。任何运动项目运动员技术水平、运动成绩的提高，都与人体机能做功规律、运动项目活动规律、竞技能力训练规律有关。站在人体机能做功、人体机能改善的角度，可以说没有运动员的适度疲劳就没有运动员的科学训练，训练疲劳是提高机体做功能力的重要途径。

---

① 翟磊. 现代散打技法解析与训练研究[M]. 北京：中国书籍出版社，2017：245.

二、散打运动员的疲劳消除

（一）散打运动员疲劳消除的意义

关于运动训练能够提高运动员竞技能力的原理，一种是"机能超量恢复"说，还有一种是"机能适应"说。"机能超量恢复"是指训练产生疲劳以后，疲劳的消除不但能够恢复体力而且能够超过原来的水平。"机能适应"是指训练疲劳产生了机能的不适应，疲劳消除以后出现了新的适应，不断地从不适应到适应，以此来提高运动水平。

不管是哪一种学说，都没有离开训练疲劳和疲劳消除这两个基本的要素。可以得出这样一个结论，没有运动员训练的适度疲劳和训练后的疲劳消除就没有运动员的科学训练。训练疲劳和疲劳消除对于提高运动员的竞技能力是一把双刃剑，必须引起教练员、运动员的高度重视。

（二）散打运动员疲劳消除的方法

第一，拉伸法。采用各种牵拉的手段，对身体各部位的关节、肌肉进行拉伸，使训练造成的肌纤维紧缩变得松弛，便于血液循环。

第二，调息法。采用缓慢深长的方法，反复地进行深呼吸，便于呼吸系统的气体交换、吐故纳新。

第三，按摩法。采用捏、揉、搓、按等手法，放松肌肉疲劳的重点部位，既能使肌肉松弛也能加快血液循环。

第四，震动法。采用能够边震动、边摇摆的专门放松器材，对身体的各个部位进行整理放松。

第五，悬垂法。双手抓住类似单杠的物体，使自己的双脚离地悬垂进行左右摆动，可以起到放松、拉伸肌肉的作用。

第六，倒立法。双手支撑身体，两脚靠在物体上，形成倒立的姿势，能够加快身体的血液循环。

第七，吸氧法。利用高压氧舱，在 2~2.5 个标准大气压下吸入高压氧，可使血氧含量增加，二氧化碳浓度下降。

第八，热浴法。可以采用在热水池中浸泡、蒸桑拿等手段，促进全身血液循环，加速新陈代谢。

第三节 散打运动员运动损伤的预防与治疗

作为技能类格斗对抗性项目的散打运动，以互相击打为对抗的基本形式，比赛中对抗激烈，动作变化快，运动强度高，难免会发生伤病。即使是在没有对抗性的训练中，也常常由于种种原因，导致伤病的发生。运动性伤病不仅会影响运动员训练和比赛，妨碍运动成绩的提高，甚至会缩短运动寿命，乃至过早地结束运动生涯。另外，运动性损伤会给运动员和群众带来不良的心理影响，有碍散打运动的推广与普及。因此，研究散打运动员伤病发生的原因和规律，采取有效的预防和及时合理的救治，是散打运动训练中不可忽视的问题，具有重要的实践意义。

伤病的有效预防，可以减少训练中意外的发生，使运动训练得以持续健康地进行，保证运动员训练水平不断提高。对意外或突然发生的损伤事故进行急救和有效的临时处理，可以保护伤者的生命安全，避免再度伤害，减轻痛苦，预防并发症，为转运和进一步治疗创造条件。另外，伤病及时合理地治疗和康复，可以阻止急性伤病的发展，促进慢性伤病的早期康复，促使运动员尽快恢复运动能力。

一、散打运动员常见运动损伤的原因和预防

掌握运动性损伤的发生原因和规律，采取全面和有针对性的预防措施，防患于未然，是运动员和教练员必备的知识。

（一）散打运动员常见运动损伤的原因

1. 运动负荷过大

安排运动负荷时，没有充分考虑到运动员的生理特点，运动负荷超过其可以承受的生理负担量，尤其是局部负担过大，引起过度疲劳、酸性物质积累，致使肌肉的弹性、伸展性、力量和协调性降低，在受到快速牵拉时，很容易损伤，即使未发生大的损伤，但长期微细损伤的积累也易造成慢性劳损，是专项训练中造成运动损伤的主要原因之一。

2. 身体机能下降

在睡眠或休息不好、患病受伤或损伤初愈阶段，以及疲劳等身体机能

下降时，肌肉力量、动作的准确性和身体的协调性显著下降，甚至技术熟练的运动员，在这种情况下也可能发生运动技术错误，而引起损伤。同时，随着生理机能的下降，运动员的警觉性和注意力减退，反应较迟钝，此时参加剧烈运动或练习较难的动作，就很容易发生损伤。

3. 心理状态不良

运动员参加训练或比赛时的心理状态与运动损伤的发生也有着一定的关系，如心情不好、情绪低落或急躁、训练缺乏自觉性和积极性、注意力不集中、兴奋不起来，这时参加运动训练或者比赛就很容易受伤。心情急躁，急于求成，或者信心不足、胆怯犹豫，以及赛前过于紧张，场上心慌意乱等都会造成运动员自控能力差，常导致损伤发生。运动员好胜心和自我表现意识强，不顾主客观条件的允许，盲目或冒失地进行运动与比赛，或者心理品质训练不够，缺少勇敢、果断、坚毅和胜不骄、败不馁的自控能力时，也常常引起损伤的发生。

4. 组织方法不当

在训练中，不遵守循序渐进和个别对待的原则；实战训练和比赛中分组不合理；在组织方法上，由于学生过多，教师缺乏及时正确地指导和保护；比赛日程安排不当、场地和时间任意更改，以及允许带病或身体条件不合格的人参加比赛等。这些都可成为受伤的原因。

5. 场地设备缺陷

运动场地不平，有小碎石或杂物；地垫维护不良，年久失修，表面不光滑、有裂缝，或密合不严，边界区有缝隙；缺乏必要的防护用具（如护头、护腿、护腕、护踝等）。

6. 不良气候的影响

气温过高易引起疲劳和中暑，气温过低易发生冻伤，或因肌肉僵硬、身体协调性降低而引起肌肉韧带损伤；潮湿高热易引起大量出汗，发生肌肉痉挛或虚脱；光线不足、能见度差，影响视力，使兴奋性降低和反应迟钝而导致受伤等。

7. 缺乏损伤预防知识

散打运动损伤的发生，常与训练组织者、指导者和参与者对预防运动损伤的意义认识不足、思想上大意及缺乏必要的预防知识有关。有些教练员实施训练不系统，缺乏安全意识，不重视安全教育，在训练和比赛中没有积极采取各种有效的预防措施，发生运动损伤后，也不认真分析原因、总结经验教训，使伤害事故时有发生。

8. 缺乏合理的准备活动

准备活动的目的是进一步提高中枢神经系统的兴奋性，增强各器官系统的功能活动，使人体从相对的静止状态过渡到紧张的活动状态。缺乏准备活动或准备活动不合理，是造成运动损伤的首要原因。散打运动训练中在准备活动问题上常存在的问题具体如下。

（1）准备活动不充分。散打运动训练中，常用的练习程序是先做一些热身活动，将神经系统的兴奋程度和其他各器官系统的功能活动适度动员起来，然后进行压腿、踢腿、下叉等专项练习。这些练习的动作幅度大、速度快，要求相应的对抗肌不仅具有很好的伸展性，还必须具备及时放松及协调配合的能力。如果准备活动不充分，肌肉的伸展性没得到充分改善，神经系统的兴奋性也较低，对抗肌弹性和伸展性较差，不能及时而充分地放松，进入练习时操之过急，猛踢、猛打、猛拉，就容易发生肌肉和韧带拉伤。一般而言，在训练中，准备活动不充分是运动损伤发生的首要原因，之后才是疲劳和技术动作错误等引发的运动损伤。

（2）准备活动的内容与正式练习的内容结合得不好，或缺乏专项准备活动。充分的准备活动需要结合专项运动来设计，有主有次。没有针对性地准备活动，使运动中负担较重的部位没有得到充分地预备，或者两次训练活动间的间歇时间较长，运动员忽视进入第二次练习前的准备活动，以及因长时间的停训休息后，消退的专项条件反射性联系尚未恢复时，幅度过大、力量过强、速度过快的动作都会造成关节韧带扭伤、肌肉拉伤。

（3）准备活动的时间过长、量过大。准备活动时间长、负荷量大，易造成身体疲劳，此时参加正式运动时，身体的机能水平不是处于最佳状态而是有所下降，剧烈运动时身体容易受伤。

9. 技术动作中存在错误

由于技术动作的错误，违反了人体结构功能的特点及运动时的力学原理而造成的损伤，这也是初次参加运动训练的人或学习新动作时发生损伤的主要原因。在学习动作时没有掌握正确的动作要领，不注重动作的技术环节，一味追求效果，急于求成，或者过于侧重力量性练习，忽略了柔韧性、灵活性练习，都会导致技术动作失误，造成损伤，而精神紧张和疲劳，或劳损的肌肉则是形成错误动作的重要原因。

（二）散打运动员常见运动损伤的预防

训练中的损伤以慢性损伤居多，这些慢性损伤可由一次急性损伤后处理不当，或恢复训练过早而转变成慢性损伤造成，但更多的是因运动负荷安排不当，局部负担过重引起多次微细损伤的积累而成。因此，除做好急性损伤的正确处理之外，更重要的是要科学地安排训练，防止腱止装置和骨等各种组织的劳损发生。

在实战训练或比赛中，急性损伤相对较多，而劳损较少，这时要注意急性损伤的预防。在损伤种类的构成比上，关节扭伤占首位，其中以腕关节、膝关节等最为多见。因此，尤其应加强手腕、膝关节及足踝关节的力量训练，以及有关各项技术动作的训练和指导。总而言之，散打是一项高强度的运动，常常伴随着一定的运动损伤风险。为了预防运动损伤，散打运动员可以采取以下预防措施：

1. 进行热身和拉伸

热身和拉伸是散打运动中非常重要的预防运动损伤的环节。热身运动是在正式训练或比赛之前进行的一系列轻度活动，旨在调整身体和心理状态以适应高强度的运动。热身运动的主要目的是提高身体温度，促进血液循环，提高肌肉和关节的温度。通过提高身体温度，热身运动能够加速代谢过程，使肌肉和神经组织更容易响应运动需求，减少运动初期的创伤风险。热身运动通常包括轻度的有氧运动，如慢跑或跳绳，以及一些活动范围广泛的关节活动，如旋转手臂、踢腿和扭动躯干。热身运动应持续约 10~15 分钟，以确保身体充分准备好进行更高强度的训练。

全身拉伸是在热身运动后进行的一系列伸展动作，旨在增加肌肉和关节的柔韧性，并预防肌肉拉伤和扭伤。拉伸运动通过延长肌肉和结缔组织的纤维，有助于提高关节活动度和肌肉的弹性。这使得肌肉能够更好地适应运动的要求，并减少在高强度运动中受伤的风险。全身拉伸应包括针对全身各个肌肉群的伸展动作，如腿部、背部、臀部和上肢的伸展。每个伸展动作应该缓慢进行，保持舒适的拉伸感，避免过度拉伸和强烈的疼痛。每个伸展动作应持续约 15~30 秒，并重复 2~3 次，以充分释放肌肉和提高柔韧性。

综上所述，热身和拉伸是散打运动中不可或缺的环节。通过充分的热身运动和全身拉伸，散打运动员能够准备好面对高强度的训练和比赛，并最大程度地减少运动损伤的风险。这些预防措施不仅有助于保护身体健康，还能提高运动表现和提升整体体能水平。

2. 注意技术正确性

技术正确性是预防散打运动损伤的关键因素之一。在散打运动中，正确的技术姿势和动作执行是减少运动损伤的重要因素。散打运动员应该通过专业教练的指导和训练，学习和掌握正确的技术动作。正确的技术姿势包括正确的身体姿势、手臂和腿部的位置、身体重心的分配等。正确的动作执行涉及技术动作的速度、力量的施加、击打或防御的角度和方向等。通过正确的技术姿势和动作执行，运动员能够最大程度地减少受伤的风险。

学习正确的技术姿势和动作执行需要时间和耐心。散打运动员应该密切关注教练的示范和指导，并积极反复练习和修正自己的技术。在学习的过程中，运动员应该注重细节，关注每个动作的准确性和流畅性。他们应该注意身体的位置和姿态，保持肌肉的协调和稳定。同时，运动员应该注意呼吸的控制和节奏，以确保动作的稳定和力量的正确施加。

不正确的姿势或运动方式可能导致运动损伤。例如，不正确的姿势可能使得关节承受不正常的压力，导致关节扭伤或拉伤。不正确的动作执行可能导致力量施加不准确或失控，增加受伤的风险。因此，散打运动员应时刻保持专注和警惕，确保每个动作都符合正确的技术要求。

总而言之，技术正确性对于预防散打运动损伤至关重要。散打运动员应该通过专业教练的指导，不断学习和掌握正确的技术姿势和动作执行，以确保自己的安全和健康。只有在技术正确的基础上，运动员才能更好地发挥自己的能力，提高竞技水平，并享受散打运动的乐趣。

3. 逐步增加训练强度

逐步增加训练强度是预防散打运动损伤的重要措施之一。过度训练是散打运动员常见的运动损伤原因之一。过度训练指的是训练强度和时长突然增加，或者连续训练时间过长，超出了身体的适应能力和恢复能力。这种情况下，身体没有足够的时间来适应和恢复，导致肌肉疲劳和组织损伤。

为了避免过度训练导致的损伤，散打运动员应该逐步增加训练强度和时长。这意味着在开始训练时，应该从较低的强度和时长开始，逐渐增加到目标强度和时长。逐步增加训练强度的好处是给予身体足够的适应和恢复时间，使身体能够逐渐适应新的训练负荷。

逐步增加训练强度的具体方法包括逐渐增加训练量、逐渐增加训练强度和逐渐增加训练频率。例如，可以从每周进行几次轻度训练开始，逐渐增加训练次数和强度，直到达到目标训练计划。散打运动员还应该留出充足的休息时间，让身体得到充分的恢复。另外，散打运动员应该密切关注自身的身体反应和信号。如果出现过度疲劳、持续的肌肉酸痛、关节不适等症状，应及时调整训练强度和休息时间，给身体足够的恢复时间。此外，定期进行体检和咨询专业医生或教练的意见也是重要的，以确保训练计划的合理性和身体状况的健康。

总而言之，逐步增加训练强度是预防散打运动损伤的重要措施。通过逐渐增加训练强度，散打运动员可以给身体足够的适应和恢复时间，减少过度训练导致的损伤风险。此外，密切关注身体反应和信号，并与专业医生或教练保持沟通，也是确保训练计划安全和有效的关键。

4．使用相关保护装备

保护装备的正确使用是预防散打运动损伤的重要措施之一。散打运动员应当充分认识到保护装备的重要性，并正确使用各种保护装备，如头盔、护具、护腿、护手等。这些装备能够提供额外的保护，减少受伤的风险。保护装备可以分散和缓冲来自对手的攻击，并减少直接接触身体的可能性，从而降低了损伤的程度和频率。

在散打训练和比赛中，运动员应根据需要佩戴适当的保护装备。例如，在搏击训练中，头部是容易受伤的部位，因此佩戴头盔可以提供额外的头部保护。同时，护具、护腿、护手等装备也能保护肌肉、骨骼和关节，减少摔跤、拳击和踢腿等动作所造成的损伤风险。然而，仅仅佩戴保护装备并不足以确保完全的安全。运动员应确保保护装备的合适和正确地使用。保护装备应该选用适合自己的尺寸和质量，以确保其有效地发挥保护作用。此外，运动员应按照装备的使用说明和建议正确佩戴和调整装备，确保其紧固和贴合的合理性。另外，定期检查和维护保护装备也是重要的。运动员应经常检查装备的磨损、损坏和松动等情况，及时更换和修复。保持装备的良好状态和功能性对于确保其有效的保护作用至关重要。

总结起来，正确使用保护装备是预防散打运动损伤的重要措施。通过佩戴合适、质量好的保护装备，并按照使用说明正确使用和调整装备，散打运动员能够减少受伤风险，保护自身的安全。此外，定期检查和维护装备的状态也是保证装备功能性和有效性的关键。

二、散打运动员常见运动性伤病诊断与治疗

（一）运动损伤的诊断与治疗

1. 擦伤

擦伤是皮肤受到粗糙物体表面的外力摩擦所致，皮肤被擦破后主要表现为出血或组织液渗出。散打运动员踢靶、打靶或相互对抗时，脚面、手、臂、口、眉、鼻等部位都有可能出现擦伤。擦伤一般创口浅、面积小、无异物污染的皮肤擦伤，训练和比赛时可直接喷上"好得快"等同类药物后继续训练和比赛。待比赛、训练结束后，用生理盐水或凉开水洗净创口，周围用 75%酒精棉球消毒，创口上涂抹 2%的红汞药水或 1%~2%的龙胆紫液，待干即可，无须包扎。但面部擦伤最好不用紫药水涂抹，关节附近的擦伤也不宜使用暴露疗法，因为干裂后既影响运动又易感染，还有可能波及关节，可采用 5%~10%的磺胺软膏或青霉素软膏涂敷。

大面积的擦伤，易受感染，应先用碘酒或酒精在伤口周围消毒，再用生理盐水清除伤口异物，外敷凡士林或雷弗奴尔纱布，用胶布固定。对于污染较严重的伤口，先将异物彻底清除，再用纱布覆敷伤口，由医生清创后，还要施用抗菌药物和注射破伤风抗毒血清。感染的伤口应每日换药。

2. 挫伤

挫伤是钝性暴力作用人体部位时，引起的皮下及深部组织闭合性损伤。在散打运动中，相互冲撞、被踢打，或失衡倒地时，自我保护不合理，碰击在器械上（如擂台边缘），都有可能发生挫伤。轻者仅是皮下组织（如肌肉、韧带等）挫伤，重者（如头、胸、腹部和睾丸挫伤）常因某些器官的损伤而合并休克。在散打运动中比较常见的是股四头肌和小腿前部挫伤。

（1）征象。疼痛（先轻后重，一般持续 24 小时）、压痛、出血、肿胀、功能障碍。出血可表现为淤点、淤斑及皮下组织中局限性积血（血肿）。挫伤重者疼痛和功能障碍较明显。复杂性挫伤因伴有一些合并症而较为严重，如头部挫伤后，轻者可发生脑震荡，重者可能会造成颅骨骨折而合并脑挫伤以至危及运动员的生命。大、小腿肌肉挫伤严重时，可引起股四头肌及腓肠肌肌肉或肌腱断裂，后期有时还会出现继发钙质沉着化骨，形成化骨

性肌炎。胸部挫伤可合并肋骨骨折，甚至肺脏损伤形成气胸或血胸。睾丸挫伤可因剧烈疼痛而引起休克。腰腹部挫伤可合并肾挫伤和肝、脾破裂而引起内出血和休克。少数挫伤可继发感染性化脓。严重的挫伤形成的血肿有时会妨碍血液循环，引起局部肌肉的缺血性挛缩。

（2）治疗处理。对于单纯性挫伤，立即施行局部冷敷后外敷新伤药，加压包扎，抬高伤肢。对于复杂性的挫伤，如有休克症状时，应首先进行抗休克处理，再将伤员放在适当位置休息。如果睾丸挫伤，应以三角带吊起，卧床局部冷敷。胸肋部、腰腹部、头部挫伤伴有严重合并症时应在局部冷敷、止血、止痛处理后急送医院。肌肉、肌腱断裂者在将肢体包扎固定后，送医院治疗。

3．击昏

击昏是一种近似休克的非常严重的情况，击昏时伴随出现的是机体机能的急剧障碍。在散打运动中，下腭、鼻梁、颞部、颈部侧面、腹腔神经丛部、两侧肋骨下方受重击时，均可发生昏迷现象。

（1）症状与诊断。击昏的典型症状是步态不稳、摇摇晃晃、状如醉酒，或倒地，意识丧失（时间长短不等）、脉搏减弱、呼吸表浅、血压降低、肌张力减低、腱反射减弱。

（2）急救和治疗处理。发生击昏后，立即平卧休息，意识丧失者可使用催醒法（嗅氨水、掐人中等），必要时注射强心剂。没有合并症者一般愈后良好。

4．脑震荡

脑震荡是颅脑损伤中最轻的一种急性闭合性损伤。一般是指头部遭受暴力作用后，脑的神经组织受震荡而引起大脑暂时性的意识和机能障碍，无明显器质性病变，但脑震荡可与其他颅脑损伤（颅内血肿、脑挫伤、颅骨骨折）合并存在，故应引起重视。

（1）征象。头部受伤后即刻发生轻度的短时意识障碍，轻者几秒钟，重者也不超过半小时。昏迷时全身肌肉松弛无力，面色苍白，瞳孔放大，皮肤和腱反射减弱或消失，脉搏细弱，呼吸表浅。患者清醒后有逆行性健忘症（即对受伤情景甚至受伤前一段时间的事不能回忆，但对往事能清楚记忆），常伴有头痛、头晕、耳鸣、心悸、失眠等症状，少数患者可能会有恶心、呕吐、心烦不安、注意力不集中等现象，并可因头部活动或情绪紧张而加重。以上症状大多于数日后逐渐减轻或消失。

（2）治疗处理。急救时，必须让伤员安静、平卧、保暖，不可随意搬动和让伤员坐或站立。昏迷不醒者，可掐人中或嗅氨水使之苏醒。

治疗期间，应嘱患者短期（一两周）卧床休息，保持安静和良好睡眠状态，直至头痛、恶心等症状消失为止。不要过早参加运动，否则有可能带来后遗症。此外，还可给予适当的药物治疗，如头痛者可用去痛片，恶心、呕吐者可给予氯丙嗪，心情烦躁、忧虑失眠者可服用安定，亦可配合针灸、按摩等手段治疗。由于脑震荡可与颅内血肿或脑挫伤并存，因此，伤员经过急救处理后，应卧床静息，严密观察，以便及时发现其他严重颅脑损伤。如有下列症状之一者，提示可能有严重的颅脑损伤，应立即送医院处理，即昏迷时间在 5 分钟以上；耳、口、鼻流脑脊液或血液；清醒后头昏、恶心、呕吐剧烈；两瞳孔不对称或变形；清醒后有颈项强直或出现第二次昏迷。

在护送去医院时，患者应平卧，头侧用衣物等固定，避免摇晃及震动，以免加重病情。治疗休息期间，不能参加任何训练和比赛，否则会引起后遗症。可采用"闭目举臂平衡试验"来初步判断平衡与协调能力，以决定其是否痊愈和恢复体育活动。

5. 脑挫伤

脑组织挫伤也是头部遭受暴力作用所致，但比脑震荡严重，有器质性病理改变。轻者仅软脑膜下有小出血点，神经细胞水肿、退变；重者可出现脑静脉淤血、出血、肿胀及坏死；严重的颅内出血可危及生命。本症往往合并颅骨骨折及蛛网膜下腔出血。

（1）脑挫伤的征象与诊断要点。

第一，持续性意识丧失及昏迷。轻者类似脑震荡，重者深度昏迷，可延续数小时至数日、数周不等。一般 30 分钟内清醒者多属脑震荡，30 分钟后仍昏迷者多为脑挫伤。另外，清醒后又迅速昏迷者多为脑血肿。

第二，局灶症状为伤部对侧偏瘫、失语、呼吸异常、吞咽障碍。如果为脑干的原发损伤，除有持续性昏迷外，还会有大脑强直、瞳孔放大或缩小、双侧眼球外视。

（2）治疗处理。症状轻者的处理原则同脑震荡；重者应急送医院住院观察，进行止血，减轻脑水肿，降低颅内压，预防合并症。

（3）注意事项。受伤后应保持呼吸通畅，防止误吸。脑损伤合并颈椎损伤者，在搬运时必须用护颈夹板固定头部，避免摇晃和震动。对于开放性脑损伤，应予以消毒包扎，如同时伴有休克发生，要注意抗休克处理。

6. 撕裂伤

散打运动中的撕裂伤多发生于面部，尤其是眼角、眉弓部，还有额部、唇部，主要是由于暴力打击所致。唇部还可因护齿或牙齿切割黏膜而致伤。

当发生面部撕裂伤以后，为了继续比赛，可先用生理盐水冲洗，再用肾上腺素液棉球压迫止血，后用粘胶封合。待比赛结束后再详细处理或到医院做治疗。

眼角、眉弓及额等其他部位撕裂伤，轻者可先用2.5%的碘酒和75%的酒精将伤口周围皮肤消毒，再用消毒纱布覆盖，加压包扎，伤口小者，可用专业粘布粘合即可。伤口大、深或污染重者，应及时送医院，由医务人员做清创术，清除污染、异物和坏死组织，彻底止血，缝合伤口，口服或注射抗菌药物以防感染，注射破伤风抗毒血清。

口唇部切割伤，应视口腔黏膜的溃烂和肿胀程度不同，酌情处理。轻者用生理盐水洗净后用消毒棉球压迫止血即可，重者送医院后先用生理盐水洗刷，再清创、止血和缝合，并口服或注射抗菌药物以防感染及预防破伤风。

7. 掌骨骨折

在散打运动中，常见的是掌腕关节的拇指掌骨基底部骨折和第五、第二掌骨颈部骨折。运动员戴拳套而又没捆好保护绷带，或在空手进行训练时，如果掌骨沿纵轴受到暴力打击，就会发生此类骨折。例如，运动员用勾手拳以拇指击中对方时，常导致掌腕关节的拇指掌骨基底部骨折，以直拳击中对方，常会产生第五、第二掌骨颈部骨折。

（1）征象。掌腕关节的拇指掌骨基底部骨折常合并掌腕关节脱位。伤肢拇指的腕掌关节部的桡背侧明显突出、压痛，拇指外展、内收和对指活动受限。X线可辅助诊断。掌骨颈骨折时，伤后掌骨呈"低头"畸形，致使掌指关节的背侧隆起变得低平（有时因局部肿胀遮盖了这种畸形）。

（2）治疗处理。掌腕关节的拇指掌骨基底部的骨折，应急送医院复位处理。应该注意的是，此类骨折复位容易而固定困难，常因复位后再脱位或固定不理想，结果形成一个疼痛僵直的关节，外展、内收和对指活动受限。因此，在X线检查复位满意后，应制动5周，以确保痊愈，否则应在石膏上加粗铁丝，将拇指做持续牵引固定。掌骨颈骨折复位容易。复位后应将伤指固定于 90° 屈曲位，石膏固定 3 周便可。

8. 肩袖损伤

肩袖的主要功能是稳定肩关节，使肱骨头紧密靠着肩关节盂。肩袖损伤是由于肩关节反复超常范围运动，使腱袖受到肩峰、肱骨头与喙肩韧带的不断挤压、摩擦，或肌肉的反复牵拉，使肌腱、滑囊发生微细损伤而致的劳损病症。

（1）诊断。肩袖损伤时，肩外展疼痛，有时会向上臂、颈部放射，肩外展或伴内、外旋时，疼痛加重。压痛局限于肩峰与肱骨大结节之间。疼痛弧试验为阳性，即上臂外展上举或从上往下放时，在 60~120° 的弧度内出现疼痛，少于或超过这个弧度时疼痛消失。肩外展、外旋抗阻力试验为阳性。急性期常伴有三角肌疼痛，慢性期则继发三角肌萎缩乏力。肩袖肌腱断裂少见，完全断裂者，不能肩外展，出现"耸肩"。

（2）治疗处理。急性期上臂置于外展 30° 位置，适当休息、理疗、针灸、按摩、外敷中药或痛点注射封闭，效果较好。在痛点注射强的松龙，或醋酸氢化可的松加 1%奴弗卡因溶液 10~20 毫升，止痛后便可恢复活动，但不可反复应用。怀疑有肌腱断裂者，送医院进一步检查或处理。

9. 腰部劳损

腰部肌肉、韧带和筋膜因长期反复地牵拉、紧张所致的慢性积累性损伤。无明显的急性外伤史，逐渐发生。

（1）征象与诊断。有长期反复慢性腰痛史或多次外伤史。腰部酸胀疼痛，僵硬活动不利。疼痛为一侧或两侧不等，范围较大，有时可牵涉到臀部，疼痛在久坐、久立、劳累和天气变化时加重，休息或轻微按摩后即可减轻。在脊柱活动过程中，特别是前屈时会在某一角度出现明显腰痛。劳损部位触诊有压痛或酸胀反应、硬结或痉挛的条索状肌肉。X 线下有时可见腰椎畸形。

（2）治疗处理。按摩和体疗是治疗腰痛的重要方法。按摩疗法对腰部劳损引起的腰部肌肉痉挛和组织粘连最为有效，能达到减轻或消除腰痛的目的。按摩一般采用重手法治疗，即按压、推、滚、揉、摩、弹筋、分筋、叩击等，可每次依此顺序进行按摩，也可选择其中若干手法有机组合。穴位按摩可取肾俞、大肠俞、环跳、委中等穴，每次按摩 10~20 分钟，每日或隔日 1 次。

体疗的目的是加强腰、腹肌锻炼，以增强腰背肌的弹性和耐力，协调腰腹部肌肉的平衡性，提高脊柱的稳定性、灵活性和耐久力，改善肌肉供氧状态，松解粘连。因此，过多地卧床休息是不适当的。体疗的原则是在不引起疼痛和肌肉痉挛的前提下进行肌肉静力性收缩锻炼，持之以恒必会收效，如仰卧举腿或三点支撑、俯卧"飞燕"等均可。锻炼时4拍为一遍，然后还原，松弛肌肉，每次至少做30遍。

针灸、理疗、强的松龙痛点注射、反悬（倒挂）疗法、内服活络止痛药物等，对治疗腰部劳损有一定辅助作用。

10. 腰部急性扭伤

腰部急性扭伤，又称"闪腰"，有明显的外伤史，可发生在肌肉、韧带、筋膜及小关节部位。90%的病例发生在腰骶部和骶髂关节。腰痛可于伤后立即出现，也可一两天后出现。运动员自身腰、骶部肌力不足，也是造成急性腰扭伤的内在因素。

（1）征象。

第一，肌肉轻度扭伤。患处隐痛，随意运动受限，不能弯腰，24~28小时后症状达高峰。扭伤严重时因肌痉挛可引起脊柱生理曲线改变。腰肌扭伤时疼痛可牵涉到下肢，但仅局限在臀部，大腿后部和小腿感觉正常。

第二，棘上韧带与棘间韧带扭伤。扭伤后局部的棘突上或棘突间有明显而局限的压痛，过度向前弯腰时疼痛加重，而向后伸腰时疼痛较轻。如果疼痛剧烈，压痛处韧带松弛而有凹陷，腰前屈时棘突间距离增大，提示可能为韧带完全断裂。

第三，筋膜破裂。腰部扭伤造成的腰背筋膜破裂，多发生在骶棘肌鞘部和髂嵴上、下缘。患处有明显压痛，弯腰和腰扭转时疼痛较重，腰伸展时疼痛较轻。其余征象与肌肉扭伤相似。

第四，小关节交锁。往往发生于肌肉无活动准备的仓促弯腰扭转动作，受伤当时即有腰部剧烈疼痛，呈保护性强迫体位，不敢做任何活动，亦惧怕任何搬动，尤其不能做腰后伸活动，几乎整个腰部肌肉都处于紧张僵直状态，走路时以手扶腰，步态迟缓，惧怕触动。疼痛位置较深，不易触到压痛点，但叩击伤处可引起震动性剧烈疼痛。

（2）治疗处理。急性腰扭伤的患者一般应卧床休息，仰卧于有垫子的木板床，腰部垫一薄枕，以便放松腰肌，也可以与俯卧位相间交替，避免受伤组织受牵扯和受凉，以利修复。轻度扭伤休息2~3天，较重扭伤需休息一周左右。

伤后即可进行穴位按摩或针灸，在人中、肾俞、大肠俞、委中等穴位上施以手法，以产生较强的得气感，一般都能止痛并使腰部活动度增加。小关节交锁者在放松后施行脊柱旋转复位法，效果迅速。此外，急性腰部扭伤后还应配合外贴活络止痛膏，内服活络止痛药以及拔罐、针灸、理疗、局部注射强的松龙等方法，以取得更好的疗效。

11．肩关节脱位

肩关节脱位常于运动员摔倒时，上臂外展、手或肘着地时发生。另外，上臂外展、肩关节突然过度背伸，或肩关节过度外旋时，也可能发生。

（1）诊断要点：①有明显的受伤史；②肩关节疼痛及运动障碍；③"方肩"畸形，即肩峰外突，失去原来的圆形，可伴有肢体缩短；④X线检查，可明确脱位的情况及有无骨折发生。

需要注意的是，肩关节前脱位在喙突下或锁骨下能触摸到脱位的肱骨头。

（2）急救与治疗处理。

第一，急救固定法。取两块三角巾，一块用来悬挂前臂，屈肘90°，三角巾斜挎胸背部，在健侧肩上打结。另一块三角巾折叠成宽带，绕过患肢上臂，在健侧腋下打结。

第二，前脱位的简便复位法。在肩关节急性脱位半小时内，由于患处反射性地神经传导阻滞而处于麻木状态，不须麻醉就可复位。较为简单易行的足蹬拔伸复位法是：患者仰卧，术者坐于患侧床边与患者相对，将与其相邻之足跟置于伤员腋窝，紧贴胸臂并向外推挤上臂上端，双手握患肢腕部，以足跟顶住腋窝做持续牵引，并逐渐内收、内旋其上肢，即可使其复位。如果没有熟练掌握整复技术，不可随意施术，以免加重损伤。

第三，肩关节习惯性脱位者，多是由于肩胛盂的前部盂唇或盂缘撕裂，或肱骨头外上方的压缩变形，致使关节不稳而经常脱出。患此症者一般需手术治疗，否则不能从事转肩动作较多的活动。

12．足部跖骨骨折

散打运动中的跖骨骨折，多由直接外力作用在跖骨上引起，例如，侧鞭腿时足背如果碰到肘尖等处时便可导致跖骨骨折。

（1）征象及诊断。疼痛、压痛、足背肿胀、足部不能持重、前脚落地时伤部剧痛，有明显受伤史。X 线检查，可明确有无骨折及骨折的部位和程度。

（2）治疗处理。如足背部有急性外伤史并有骨折征象时，应赤足，在小腿后放一直角夹板，然后用宽带固定膝下、踝上和足部，急送医院处理。伤后患足应停止训练。停训期间应进行患侧踝关节的功能锻炼，一月后痊愈，便可逐渐投入正常训练。

13．肌肉肌腱拉伤

由于肌肉主动地猛烈收缩，其收缩力超过了肌肉本身所承担的能力，或肌肉受力牵伸时，超过了肌肉本身特有的伸展程度时，就会造成肌肉拉伤。拉伤可发生在肌腹或肌腱交界处或腱的附着处。由于致伤力的大小和作用性质不同，可引起肌肉、肌腱部分纤维断裂、完全断裂或微细损伤。除肌肉本身的拉伤外，常可同时合并肌肉周围的辅助结构如筋膜、腱鞘和滑囊的损伤。

散打比赛或训练前准备活动不充分，肌肉的弹性伸展性差，长时间训练和连续比赛，疲劳积累，肌肉会有僵硬、酸痛感，力量减弱，协调性差，注意力不集中，都有可能造成肌肉拉伤。

（1）征象。局部疼痛、压痛、肿胀，肌肉紧张、发硬、痉挛，功能发生障碍。当受伤肌肉主动收缩或被动拉长时疼痛加重，肌肉收缩抗阻力试验为阳性。肌肉断裂者，受伤时会有明显感觉，常能听到断裂声，受伤部位肿胀明显，皮下淤血严重，局部用手可摸到凹陷或一端异常膨大。

（2）治疗处理。肌纤维轻度拉伤及有肌痉挛者，用针刺法（阿是穴斜刺法）或伤部局部注射肾上腺皮质激素类药物可以取得很好的疗效。肌纤维部分断裂者，伤后马上给予冷敷、局部加压包扎、适当制动、抬高伤肢，并将患肢放在使受伤肌肉松弛的位置以减轻疼痛。在 48 小时后可进行按摩（揉、捏、搓或点穴），但手法要轻缓。对怀疑有肌肉、肌腱完全断裂者，应在局部加压包扎固定患肢后，立即送医院确诊，必要时进行手术缝合。

14．膝关节急性损伤

膝关节构造复杂，关节周围的肌肉和肌腱、内外侧副韧带，前后十字韧带，以及内外侧半月板等共同维持其稳定性，是全身易发生运动损伤的关节之一。

（1）征象。膝关节急性损伤的征象有膝关节疼痛、肿胀、压痛、活动障碍，以及膝关节交锁等。膝关节交锁常见于半月板部分撕裂、十字韧带断裂、内侧副韧带断裂，其表现为偶然一次膝关节屈伸活动中，突然"卡住"于半屈伸状态，一些患者在主动活动膝关节时，伴随"咔嗒"一声而再伸直，称为"解锁"。

（2）检查方法。

第一，膝关节侧向运动试验。用于检查侧副韧带的损伤。方法是伤者仰卧，膝关节微屈 30°，检查者一手握住并固定踝部，另一手放在膝关节下部，被动外翻膝关节，膝关节外翻活动异常与膝内侧痛，提示膝内侧副韧带断裂。反之，则提示外侧副韧带断裂。若关节无明显异常活动而仅有轻微疼痛，则多为韧带扭伤。这项检查应在受伤时立即检查，可以避免出现假阳性。

第二，抽屉试验。抽屉试验是检查前后十字韧带有无松弛的方法。患者取仰卧位，双膝屈曲，检查者用膝抵住患者的足背，双手握住患肢胫骨上端用力前、后推拉。如果胫骨上端有向前移动现象，则证明前十字韧带松弛。反之，如向后过多地移动，则证明有后十字韧带断裂。

第三，麦氏征试验。麦氏征试验是检查膝关节半月板损伤的方法。患者取仰卧位，检查者一手握住患肢足部，另一手扶在膝上，先充分屈膝屈髋，然后使小腿外展、外旋，将膝关节由极度屈曲而缓慢伸直，如内侧关节间隙有响音（听到或手感到），同时出现疼痛，即表明内侧半月板损伤。反之，内收、内旋小腿伸直膝关节，外侧关节间隙有响音则为外侧半月板损伤。

（3）治疗处理。

第一，轻微侧副韧带扭伤。疼痛较轻，肿胀不明显，侧向运动试验无异常，无关节屈伸功能障碍的患者，将患膝置于微屈曲位，制动 2~3 天，外敷活血止痛中药。3 天后，可开始步行锻炼，用舒活酒按摩治疗；膝关节患处由远心端向近心端做轻推摩，大小腿肌肉用揉捏法。每日练习直膝抬腿及负重直抬腿、抗阻伸膝抬腿 2~3 次，总时间 40~50 分钟。如果参加比赛，应用粘膏支持带及弹力绷带保护。

第二，较重的侧副韧带扭伤。患膝疼痛明显加剧的病例，早期治疗时应着重止痛、止血和保护损伤韧带不至于进一步加重损伤。可采用棉垫或海绵加弹力绷带加压包扎，再用托板将患膝固定于微屈位后抬高患肢休息。2~3 天后去除压迫材料，开始进行按摩，手法与轻微扭伤相同，隔日 1 次，最好配合外敷和内服活血散淤、消肿止痛中药或理疗，继续托板固定，并同时开始每日做 2~3 次股四头肌静力收缩（绷紧）。伤后 10 天左右可加大按摩力量，增加按摩手法，增加直膝抬腿练习并逐渐过渡到负重直膝抬腿练习，同时仍可配合外用和内服舒筋活络中药。2~3 周后解除托板固定，开始练习走路，继续按摩治疗并增加弹筋手法，开始练习膝关节屈伸运动并逐渐过渡到屈曲位抗阻力伸膝练习。刚恢复下地走路时，伤处可贴活络膏或橡皮膏，患肢鞋跟用楔形垫垫高 0.5 厘米，以防反复扭伤，此法可持续至局部无压痛和肌力恢复正常为止。为了使膝关节功能良好恢复，可同时采用按摩、理疗、中药熏洗。

第三，十字韧带未完全断裂。先用长腿托板固定患肢于 30°（伸直为 0°）6 周。固定期间与解除固定后的按摩治疗和功能练习原则上与较重的扭伤相同。

第四，十字韧带和侧副韧带完全断裂。尽量在伤后一周内，进行手术缝合。

第五，半月板损伤。由于急性期难以作明确诊断，可按重度扭伤处理，如有"交锁"感，必须"解锁"后才能固定。如果是半月板边缘破裂还有自愈可能。

第六，陈旧性损伤。坚持 3 个月以上有计划地、积极地进行股四头肌和膝关节屈肌功能锻炼和按摩治疗。如果股四头肌代偿功能良好，关节稳定性无明显受累，症状不明显，无关节交锁征象，对膝关节要求不大的项目且不妨碍训练者，一般不予手术治疗，但应注意训练量和强度要适宜，并加强医务监督。如症状严重，疼痛明显，关节不稳，关节交锁，妨碍训练者，可考虑手术治疗。

15. 踝关节急性扭伤

组成踝关节的韧带有三组，即内侧副韧带（三角韧带）、外侧副韧带和胫腓韧带联合。踝关节急性扭伤多为外侧副韧带扭伤，约占 80%。严重时韧带断裂，往往包括胫腓韧带联合骨折撕脱分离，内、外、后踝骨折——三踝骨折。

（1）征象。踝外侧副韧带扭伤者有足内翻受伤史。踝外侧疼痛轻重与伤势有密切关系。

第一，踝外侧韧带扭伤。患足可以持重，跛行，踝外侧轻度肿胀。踝关节强迫内翻试验可使疼痛加重，踝关节稳定，无异常活动。

第二，踝外侧韧带完全断裂。患足不能持重，跳跃式跛行，外踝剧痛，肿胀严重而且范围大，外踝和足背出现皮下瘀斑。踝关节强迫内翻试验时伤处剧痛，同时有踝关节不稳和距骨异常活动。踝关节前抽屉试验如果活动范围大，说明踝关节外侧副韧带完全断裂。

（2）治疗处理。现场急救处理时立即用拇指压迫痛点（韧带的断裂部）止血，同时做强迫内翻试验，检查是否有韧带断裂。如疑有韧带断裂，应立即用大块海绵垫或棉花块压迫包扎，绷带缠绕的方向应与受伤暴力作用方向相反，例如，外侧副韧带损伤应将踝关节包扎于轻度外翻背屈位，抬高伤肢运送医院。

第一，外侧副韧带轻度扭伤。用绷带或粘膏支持带包扎后，外敷新伤药，将踝关节固定轻度外翻位 4~7 天。轻度韧带伤应尽早活动，一般 4 天以后可保持原固定下地走路，并配合按摩、理疗、中药熏洗和踩背伸抬腿练习。按摩治疗时，踝关节外侧用推摩手法，足背和小腿前外侧用捏和揉捏方法。若是比赛中受伤需继续比赛时，可用粘膏支持带固定后继续参赛，赛后用同样的方法治疗。

第二，外侧副韧带严重扭伤（踝关节强迫内翻试验出现轻度不稳）。加压包扎止血，并用托板将足固定于轻度外翻背屈位，抬高伤肢休息，配合内服活血止痛中药治疗。3 天以后解除加压包扎材料，继续托板固定，并配合按摩、理疗、外敷与内服舒筋活络中药、针灸等治疗方法，固定与制动 1~2 周。解除固定后，应继续治疗，积极从事功能锻炼，如下地活动、提踵、踝关节屈伸运动，直至痊愈。

第三，踝关节强迫内翻试验和前抽屉试验出现明显松动，或有"开口"感（即外侧副韧带完全断裂），及合并踝部骨折时，经现场急救处理后，及时转送医院诊治。

16. 髂腰肌血肿（股神经麻痹）

散打运动员比赛中相互抱摔、转体侧踹动作，以及后倒地时自我保护不当，均可引起腰部肌肉猛烈收缩而损伤髂腰肌，出现髂腰肌下血肿，此血肿常压迫神经引起股神经麻痹。

（1）征象。①受伤后髂窝部即刻疼痛且逐渐加重，患肢不能直立；②卧位时髋呈屈曲外旋畸形，强迫伸直时疼痛；③当血肿形成压迫股神经时，股四头肌麻痹，大腿前部知觉障碍，特别是膝部知觉消失；④在髂骨窝部可触到有压痛的肿块（血肿），穿刺时可抽出积血；⑤X 线检查时可见到腰大肌部阴影异常。

（2）处理。治疗时宜采用卧床休息，局部冷敷后沙袋加压止血，并用止血、镇痛及预防感染的药物。要尽量减少出血，如已形成血肿，应尽早抽出积血，以免血肿压迫股神经引起永久性的股神经麻痹。

17．肘关节内侧软组织损伤

肘关节内侧软组织损伤是指尺侧腕屈肌群和旋前圆肌在肱骨内上髁附着处，及肘关节囊和尺侧副韧带的牵拉性损伤。突然摔倒时，前臂外展、外旋撑地或突然猛烈的直拳击空（尺侧腕屈肌群被突然强力牵拉），以及突然猛力勾拳动作（尺侧腕屈肌群和旋前圆肌强烈收缩），都是造成这类损伤的典型动作。

（1）征象。大多数患者有急性受伤史，伤后肘内侧疼痛，肘关节伸展活动稍微受限，肘在重复受伤的动作时疼痛，局部肿胀，组织撕裂时可见皮下淤血。肘内侧压痛，多在肱骨内上髁和屈腕肌群或旋前圆肌的起始部。肘关节被动外展出现疼痛为韧带损伤；屈肘、屈腕、前臂旋前抗阻力疼痛加重为肌肉损伤。

（2）治疗处理。损伤急性期患肢应停止运动，局部以强的松龙加奴弗卡因痛点封闭，效果较好。此外，还可配合理疗、外敷中药或按摩，都能收到较好的疗效。按摩手法可在局部做推、揉、分筋、理筋、点穴和肘关节屈伸运动。

（二）运动性病症的诊断与治疗

1．低血糖症

正常人的血糖维持在一定的水平（80 毫克~120 毫克/%），当血糖低于55 毫克/%时，可出现一系列症状，称为低血糖症。散打运动训练和比赛中发生的低血糖症，大部分是由于在控制体重过程中进行正常训练，或者比赛前控制体重和运动前饥饿，体内肝糖原储备不足，不能及时补充血糖的消耗所致。另外，赛前情绪过分紧张或身体状态不佳，使中枢神经系统调节糖代谢的功能紊乱，引起胰岛素分泌量增加，也是造成或加剧低血糖症的原因之一。

（1）征象。患者感到非常饥饿、头晕、乏力、心慌心跳、面色苍白、出虚汗。较重者神志模糊、语言不清、精神错乱、躁动不安，甚至惊厥、昏迷。检查脉搏快而弱，血压无明显变化或昏倒前血压升高而昏倒后血压降低，呼吸短促，瞳孔扩大。化验血糖明显降低（55 毫克/%以下）。

（2）治疗处理。使患者平卧，注意保暖，神志清醒的可喝糖水并吃少量食品，一般短时间后即可恢复。若昏迷，可针刺或掐点人中、足三里、合谷等穴，并迅速请医生处理，这时若能静脉注射 50%的葡萄糖 50~100 毫升，提高血糖浓度，就可使病情迅速好转。

2．运动性血尿

在肉眼或显微镜下尿中有血或血细胞，称为血尿。血尿是一种临床征象，起因很多，单纯由于剧烈运动所致的称为运动性血尿。运动性血尿在散打运动员中的发病率较高，一般而言，专业水平越高发病率越高，男性多于女性。运动性血尿发生的主要原因，是剧烈运动或大负荷运动所致。散打运动员血尿发生的机制有：①肾静脉压增高和肾脏发生淤血，使红细胞渗出；②肾缺血缺氧影响肾小球的正常生理功能，使毛细血管通透性增加，导致红细胞渗出；③泌尿系统器官微细损伤引起肾出血，使尿中出现红细胞。

（1）诊断与鉴别诊断。运动性血尿一般在运动后即刻出现，血尿的明显程度与运动量、运动强度、腰部的技术动作和身体的震动活动多少有关。若血尿出现后停止运动，则会迅速消失，一般不超过三天。除血尿外，一般无其他征象。血液化验、肾功能检查、腹部 X 线平片及肾盂造影等项检查均正常。运动后出现血尿，除运动性血尿外，还可能由于一些器质性疾病和外伤引起，因此应加以鉴别诊断。

常见能引起血尿的器质性疾病有以下几种，但其血尿程度一般与运动量无明显关系，同时还有其本身一些特有的症状：①肾小球肾炎。浮肿、尿少、尿蛋白、血压高；②泌尿系统感染（如肾盂肾炎、肾结核、膀胱炎、膀胱结核等）。血尿、脓尿和尿频、尿急、尿痛，尿液细菌培养呈阳性；③泌尿系统结石。肾绞痛、尿频、尿急、尿少或尿中断，腹部 X 线平片或肾盂造影可发现结石；④其他还有泌尿系统的肿瘤、肾下垂、肾先天性畸形等。

外伤性血尿是运动时腰部受到钝物打击或摔倒，造成肾脏挫伤所致。这类患者一般都有腰部受伤史和腰痛症状。

（2）治疗处理。若运动员出现血尿，应仔细问诊和检查，由专科医生作出明确诊断。运动性血尿诊断成立后，轻者可以参加训练，但要减少运动量，加强医务监督，同时给予适当治疗。例如，对反复发作或镜下血尿持续不消者，可用大剂量的维生素 C、维生素 K 和适当的止血剂（安络血或中草药）等。伴有身体机能下降者，可用 ATP 和维生素 B_{12}，补充蛋白质和铁剂。

运动性血尿运动员的训练安排与医务监督，一般的意见认为，对肉眼所见运动性血尿者，如血尿出现次数多、反复发生、持续时间长，不管有无征状均应暂时停止运动训练，采取必要的治疗。对镜下所见运动性血尿的运动员，或偶发者，可照常参加训练和比赛，但应严格控制运动量、运动强度和减少腰部活动，禁止大强度训练和比赛，同时加强医务监督，经常做尿液检查，如多次在镜下检查红细胞超过 5 个，也应减少运动量，少于 5 个时可继续训练和比赛。运动性血尿一般愈后良好。

3．运动性的贫血

贫血是血液中红细胞数和血红蛋白值低于正常数值的一种临床表现，它可由多种病因引起，不是一种独立的疾病。运动员发生贫血，除一般性病因外（急性或慢性失血、感染、疾病、中毒等，使红细胞破坏过多、造血原料缺乏或造血功能不全），还有一种独特的运动训练性致病因素所致的贫血，称为运动性贫血。运动性贫血的发生率约占所有运动员的 20%~35%，女性高于男性。运动性贫血的类型，绝大多数属缺铁性贫血（低血红蛋白、小红细胞型），少数为溶血性贫血（正常红细胞型），个别患者为混合性贫血。

运动训练对机体的红细胞和血红蛋白有一定的影响，影响的程度与运动负荷量、运动员的训练状态和身体机能状况有较大的关系，还与运动训练的季节、运动员的营养和年龄等因素有一定的关系。运动性贫血通常由红细胞被破坏，或蛋白质和铁的消耗与摄入不足引起。

（1）征象。运动性贫血发病缓慢，主要症状有头昏、眼花、耳鸣、乏力、易疲倦、食欲不佳、体力活动能力差，以及运动时出现心悸、气促、心跳加快和运动成绩下降等，主要体征有眼结膜苍白、皮肤发白无血色、安静时心率加快、运动后心率恢复减慢、心脏听诊时可发现心尖部有吹风样收缩期杂音。血液检查时可发现红细胞和血红蛋白值低于正常数值（男子红细胞数低于 400 万/立方毫米、血红蛋白值低于 12 克/%。女子红细胞数低于 350 万/立方毫米、血红蛋白值低于 10.5 克/%）。

患者症状的轻重程度与血红蛋白的多少及运动量的大小密切相关。当男运动员的血红蛋白值在 11 克/%，女运动员在 10%~10.5%时，往往在大运动量训练时才有征象；血红蛋白男低于 10 克/%，女低于 9 克/%时，在中等运动量训练时就会出现征象；严重贫血时，小运动量训练时则会表现出明显的征象。

明确诊断应在全面详细的医学检查后作出，以便排除其他原因所引起的病理性贫血。但有一点可以作为教练员和医生诊断的参考依据，即运动性贫血的特点是，如果运动量减少或停止运动训练一段时间后（一个月左右），红细胞数和血红蛋白量明显增加；如果训练停止后，营养供应（尤其是蛋白质、铁剂、维生素的供应）又较为充足和完善，但未见运动员的红细胞和血红蛋白量增加，或增加极少者，则应考虑为病理性贫血。

（2）治疗处理。应减少运动量，必要时停止正常训练。一般而言，当男运动员的血红蛋白值在 10~12 克/%、女运动员在 9~10 克/%时，可边治疗边训练，但要减小负荷强度和负荷量；当血红蛋白男低于 10 克/%，女低于 9 克/%时，应停止大、中运动量的训练和耐力练习，而以治疗为主。如为严重贫血，则应停止一切运动训练，积极进行治疗。膳食要富于营养，应含较多的蛋白质、铁质和维生素。可服用抗贫血药物，如硫酸亚铁、橡酸铁胺、富血铁、力勃隆等。为促进铁的吸收，可同时服用维生素 C 和胃蛋白酶合剂。对口服疗效差或口服后胃肠反应大者，可采用肌注铁剂或补血中草药。对严重的贫血病例，必要时可考虑输血疗法。

4. 过度训练综合征

过度训练综合征简称过度训练，是指训练中由于疲劳的连续积累而引起的一系列功能紊乱或病理状态。其早期称为过度疲劳。

（1）病因与发病机制。

第一，训练、比赛安排不当。在运动训练中，违反了运动训练的基本规律和基本原则，持续进行大运动量训练，运动负荷无明显节奏，缺少必要的调整，是造成疲劳积累，引起本病的主要原因。例如，忽视循序渐进及系统性原则，运动负荷增加过快或随意中断；不注意全面的身体和心理素质训练，不考虑个体差异的客观存在即投入大运动量训练；未能因环境、气候诸因素的变化及运动员生理状态的变化而调整训练量和运动负荷等。此外，参加比赛过于频繁，连续比赛期间缺乏足够的休息，伤病后过早地参加各种训练比赛等也是引起过度训练的原因。

第二，身体机能状态不佳。伤病初愈，营养不合理，工作、学习、精神负担过重，生活规律和环境发生改变，以及过量吸烟、酗酒等因素，可造成运动员身体机能水平下降，使之与所安排的运动负荷不相适应，结果导致过度训练的发生。

（2）征象。过度训练的表现多种多样，可涉及各个器官系统，并且因症状程度的不同又有差异。

第一，早期。症状较轻，以神经系统方面的表现最为多见，与神经衰弱症状相似。运动员表现出食欲减退，睡眠障碍，精神不振，没有参加运动训练的欲望甚至有厌烦情绪，有时头痛、头晕、记忆力减退以及心情烦躁不安，容易激动等症状。客观检查多无明显异常。因此，过度训练早期极易误诊为"神经官能症"而延误治疗。

第二，中期。早期症状加重，出现全身乏力、失眠、头痛，活动时容易出汗且极易疲劳，对专项训练厌倦、体重减轻、运动能力和运动成绩下降等症状。客观检查可发现安静血压升高、脉率加快。心血管系统联合机能试验在负荷后出现梯形反应，且恢复期延长。心电图、脑电图、肺功能检查可有轻度异常。

第三，晚期。自觉症状更为严重，并伴有较明显的消化系统、心血管系统症状，如恶心、呕吐、腹痛、腹泻、便秘，以及胸闷、心悸、气短等。动作协调性和综合判断能力较差，运动能力显著下降，还可能发现精神萎靡不振或情绪躁动不安，面色不佳等。心血管联合机能试验异常反应可占60%~80%，多呈梯形反应。心电图检查异常者可达 67%，可出现各种类型心律不齐和 ST 段下移、T 波降低、倒置或呈双向等变化。脑电图节律异常者约占 55.6%。呼吸系统机能检查可发现肺活量减少，静息通气量增加等异常。血液化验检查有血红蛋白降低、白细胞增多、淋巴细胞相对减少等现象。尿液检查可发现蛋白、红细胞和管型尿。女运动员往往会出现月经紊乱。

过度训练的症状和体征复杂多样，诊断时应详细询问病史、运动史，配合必要的检查，并注意鉴别诊断。早期主要和神经官能症相区别，中、晚期应与肝炎、肾炎、贫血、心脏病等相区别。

（3）治疗处理。处理过度训练问题的关键是要早发现、早治疗。处理的原则是消除病因，调整训练内容或改变训练方法，及时对症治疗。

在过度训练早期，应及时调整训练计划，降低运动负荷，同时注意休息，增加睡眠时间，改善营养，一般病情可以得到缓解。对早期病情未能得到控制而进一步发展加重者，除作上述处理外，必要时可停止专项训练，辅以放松性练习，调整生活规律，洗温水浴，进行恢复按摩和医疗体育等。还可根据不同病情给予药物治疗，如维生素（B_2、B_6、B_{12}、C）、葡萄糖、三磷酸腺苷、谷维素、镇静剂等。

过度训练经过正确处理治疗后，愈后一般良好，内脏器官也无器质性损害，但恢复时间长短不一，轻者 2~3 周可愈，重者需 2~6 个月，严重者往往需半年以上或更长时间方可恢复。

（4）预防。

第一，遵守科学训练原则，加强身体的全面训练。定期做身体功能检查，根据运动员的机能水平和个人特点制定适当的训练和比赛计划。

第二，加强医务监督，注意观察运动员训练过程中可能出现的不良征兆。在大运动量训练和比赛后，采取积极的恢复措施，保证必需的营养和充足的睡眠时间。

第三，及时治疗各类伤病。伤病恢复期投入训练时，运动量要循序渐进。

第五章　散打运动教学训练理论发展探新

第一节　散打运动教学新观念

随着我国体育教育事业不断发展，相继提出了很多新的观念，例如，"健康第一""终身体育""以人为本"等。对于散打运动员而言，其在学习过程中受到的教育和未来职业发展是息息相关的。本节主要阐述关于散打运动教育的全新观念。

一、健康第一的观念

"健康第一"在体育教育中是一个重要的观念，体育教育的根本目的是提高运动员体质水平，而在发展和提高身体素质的进程中，必须始终树立"健康第一"的观念，不能为了追求体质发展和提高而将身体健康置之度外，这在散打的训练和教育中是十分重要的。本着健康第一的观念，我们需要注意以下方面。

第一，适当调整教学或训练内容，普及科学的锻炼知识。健康教育的主要目标之一是帮助运动员建立主动参加体育锻炼的意识，从而全面提高体质水平。另外，在体育教育中要根据运动员的体质健康情况，结合学校的实际情况，允许运动员自由挑选他们喜爱的活动。运动员自愿参与到自己喜欢的活动项目中，进而掌握健身方法与技能，最终就能养成终身体育锻炼的习惯。在体育教学和训练中，要结合本校的具体实际合理调整内容，不断丰富和完善运动员的体育理论体系，为运动员的身心发展建立充足的基础。

第二，进一步完善体育与健康教育体系。体育学科涵盖了丰富的理论知识体系，在体育教学与训练中渗透着体育人文学、运动人体科学、健康教育学等内容，所以人们的锻炼具有科学性和人文性。关于运动员的体育教育，应不断提高运动员对体育课的兴趣，不断丰富与完善体育与健康教育的体系，使运动员充分认识到健康教育的意义与价值。另外，体育教育还应增加促进运动员身心健康发展的常识性内容，以帮助运动员形成良好的作息习惯，保持健康的心理，这对于运动员的身心健康发展具有重要的意义。

第三，深刻贯彻"健康第一"的指导思想。现代社会进入到高速发展的阶段，各行各业的竞争日趋激烈，在这样激烈的竞争环境下，仅靠丰富的理论知识是不能适应这种变化的。在这个时代发展背景下，国家主张"健康第一"的指导思想，就是要求学校教育要培养出身体健康、心理过硬、具有竞争意识和团结协作精神的高素质人才。体育教育理念要从过去单纯的"增强体质"为主转移到"健康第一"的新型发展观念。

第四，服务于体质健康发展。在"健康第一"的指导思想下，运动员的体育教育观念要彻底改变，要认识到体育教育的真正目的是发展身心健康，培养对社会有益的全面发展的人才。在"健康第一"的思想观念指导下，运动技术是提高运动员身体素质的手段，但也要掌握运动卫生、体育保健常识，形成自我保护的意识。

第五，服务于心理健康发展。体育教育中，心理健康教育是至关重要的一项内容。如今在学校教育中，运动员的课业负担居高不下，还有一些其他的问题，例如，青春期运动员生理上的变化、未来走向社会的就业问题等，产生的心理压力也越来越大，因此，体育教育要高度重视心理健康教育。学校体育教育的组织形式比较灵活，制定的体育发展目标因人而异，能全方位地评价运动员的运动能力，对运动员心理素质的提高具有一定帮助。

第六，服务于社会适应能力的提高。在学校教育中，体育教育让运动员懂得包括散打在内的体育竞技都是在一定的规则约束下开展的，整个比赛过程要体现出公平、公正、公开，这对于运动员形成融洽的人际关系，增强集体的团队凝聚力，加强自我心理调节能力，培养社会责任感，遵守社会道德都有重要的意义。因此，在学校教育的发展过程中，将体育教育作为一门重要的教育工具，并深入挖掘其具有的教育价值，才能贯彻"健康第一"的教育理念，促进运动员素质的全面提高。

二、终身体育的观念

所谓终身体育，"指人们在一生中所进行的科学有效的身体锻炼和受到的体育教育的总和，随着出生而开始，随着死亡而结束，是人们对体育教育与锻炼存在的意义在理性思辨上的根本改变"。[①]通俗而言，就是贯穿于人类一生的体育活动或体育教育过程。

---

① 陈猛醒. 散打运动理论新探与技能培养研究[M]. 北京：中国书籍出版社，2018：48.

　　终身体育教育通常可以分为三个层次，即学前体育教育、学校体育教育和社会体育教育。其中，学校体育是终身体育教育中的重要一环，青少年时期要充分利用好体育课程，努力提高自己的体育水平。随着现代社会的不断发展，竞争的日益激烈，这对即将走向社会的大运动员群体提出了更高的要求，要求他们不仅要有丰富的知识和良好的品德，同时还要具备健康的体魄和过硬的心理素质。另外，体育锻炼不仅能让人拥有健康的体魄，还能促进心理健康水平的提高。一般而言，人们对身体发展的要求主要是对健康的需求，这与学校体育教育中的健康体育观念有着相似的观点，也为终身体育增添了新的动力，有利于终身体育观念的贯彻落实。当前，处于一个飞速发展的时代，不论是学校体育教育、社会体育教育还是竞技体育教育，一定要树立"终身体育"的观念和意识，形成主动参与体育锻炼的习惯，将体育锻炼贯穿生活的点点滴滴，形成良性循环，最终实现终身体育的发展。

　　终身体育的产生和发展对整个社会而言都具有积极的意义，终身体育对社会发展具有重要的促进作用，而现代社会的快速发展也使我们需要终身体育来发展自我。总体而言，贯彻"终身体育"的观念是社会发展到一定阶段的必然趋势，具有划时代的意义，这种意义具体体现在以下方面（图5-1）。

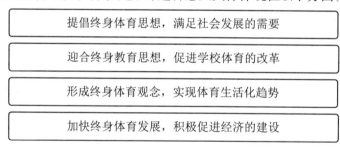

　　提倡终身体育思想，满足社会发展的需要

　　迎合终身教育思想，促进学校体育的改革

　　形成终身体育观念，实现体育生活化趋势

　　加快终身体育发展，积极促进经济的建设

图 5-1　终身体育的观念

（一）提倡终身体育思想，满足社会发展的需要

　　在现代社会下，体育事业的发展离不开终身体育，因此要将终身体育重视起来，当成一项重点工作任务来进行。在如今的社会背景下，社会劳动力是由不同年龄段所组成，都面临着如何保持自己的体质水平来从事工作需要的问题。创造更多的劳动价值，需要依靠人才更新各种科学技术，提高社会生产力。而人才要想保持身体经常处于最佳状态，就要通过体育运动健身，以提高自己的体质水平。随着现代社会的不断发展，人们经

常把从事身体锻炼，作为一种重要的生活方式，这是人类文明发展的必然。如果在一个国家中所有国民都能做到每天进行锻炼健身，养成终身锻炼的意识和习惯，那么对国家发展和民族进步，实现现代化发展具有重要意义。

（二）迎合终身教育思想，促进学校体育的改革

终身体育思想的形成与发展是终身教育思想发展的必然结果。长期以来，我国学校体育教育深受传统教育的影响，格外注重运动技能的培养，而忽略了理论知识的传播和道德的教育，影响了体育教育的质量和效果，这在散打的教学课程上也有体现。

通常而言，随着学业的结束，运动员毕业离开学校，他们的体育锻炼也随之结束。而终身体育则注重对运动员各方面能力的培养，培养运动员的体育兴趣和体育爱好，促使运动员养成主动锻炼的习惯，注重运动员掌握系统的体育基本理论知识、科学的身体锻炼方法，以及检查评定方法，形成终身体育的意识、能力、思想与习惯，使运动员自觉、自愿参加和组织体育活动的能力提出了更高要求。在新的时代背景下，终身体育思想观念的提出，为学校体育教育改革指明道路，极大地推动了学校体育教育的发展。

（三）形成终身体育观念，实现体育生活化趋势

在现代社会背景下，体育和人们生活之间的界限愈发模糊，形成终身体育的观念和意识，规律性地参与到体育锻炼，提高对体育锻炼的认识并形成自觉自愿的锻炼风气，这是社会发展的必然趋势。终身体育观念和意识的形成，对推动大众体育的发展和促进文化交流起到积极的推动作用。终身体育充分注重个人发展，并且着眼于人的一生中的不同年龄阶段、不同的生活环境、不同的职业特点来选择不同的内容和形式进行锻炼，终身获益，这种大众体育活动才是真正意义上的普及活动。但需要注意的是，因为各种因素的制约与影响，我国每年开展群众体育活动的次数相对有限，体育锻炼的实效性也不高，这需要采取必要的手段和措施来加快群众体育的发展。总而言之，倡导终身体育不仅是发展群众体育的有效途径，同时也是实现我国体育生活化的社会发展趋势的要求。

（四）加快终身体育发展，积极促进经济的建设

体育事业发展受到诸多社会因素的制约，其中经济是影响最为严重的一方面。随着现代社会的不断发展，以及国家经济不断取得成就，人们逐

渐认识到体育与经济的关系，意识到经济是体育事业发展的重要因素，反之体育事业发展也会相应推动经济的上升发展。在现代经济不断发展的背景下，人们的终身体育思想得到极大地强化。在现代社会背景下，社会对体育的需求是体育发展的动力，而经济的发展又促使社会对体育发展提出更高要求。与此同时，经济发展也为体育事业的发展提供了经济投资的可能，终身体育的发展也为经济发展提供充足的动力，这对社会经济建设具有积极意义。

三、以人为本的观念

"以人为本"充分贯彻科学发展的教育观念，对我国体育教育的发展具有重大的指导意义。"以人为本"中，"人"既是个体，又是群体，既有自然属性，又存在社会属性。体育教育要建立在以人为本的基础上，坚定不移地实施科教兴国战略和人才强国战略，不断满足人民群众不断增长的教育需要。

我国早在商周时期就有人提出了"民本"的思想，认为人民是国家发展的基础。到了春秋时期，儒家推崇"仁者爱人"的思想，战国时期，齐国宰相管仲强调"以人为本"的治国方针，孟子倡导"以民为国家之本"等思想，都与"以人为本"的思想有着深刻的渊源。当然，我国古代传统的民本思想与今天的"以人为本"的理念与思想实际上是不同的，二者之间存在一定的差别。

在西方国家，古希腊时期已经出现了"以人为本"的观念与思想，而其真正形成则是在意大利文艺复兴时期。19世纪初，德国哲学家费尔巴哈率先喊出"人本主义"的口号。发展到现代，一些人本主义哲学家采取了非理性主义方法，进一步完善了人本主义体系。受人本主义思想的影响，西方教育思想在教育观念、目的、内容和方式等方面产生诸多变化，促进了现代体育教育的发展。

当前，人才成为社会发展的重点要素，我国需要加强体育教育改革，实现人与社会的和谐、全面发展。在现代社会不断发展的背景下，各学校要坚持"以人为本"的教育思想，这是体育课程改革的必然要求。贯彻"以人为本"的教育理念，对学校体育教育的发展和青少年的身心健康发展具有重大意义。

目前，我国的学校教育发展速度不断提高，体育教育也顺应时代发展的潮流，不断更新教学观念，以科学的、合理的、人性化的教育观念切实促使体育教育发展。运动员在终身体育理念的引导下，在贯彻"以人为本"的教育观念中，身心健康、体质健康、社会适应能力等方面都得到了进一步的发展。

第二节　散打运动训练新理念

一、散打运动训练新理念的特征

散打训练新理念具有三个特征：一是全局性和宏观性特征，散打训练是综合性、战略性的顶层设计；二是指导性和操作性特征，教练员必须遵循训练理念进行训练指导，才能提高运动员的竞技能力；三是完美性和理想性特征，训练理念本身是严谨、周密的，教练员需要通过训练实践来落实。

散打的训练内容繁多，主要是发展竞技能力的理论，涉及多门学科的知识。散打训练以人体为对象，通过身体机能的改善来适应专项运动。训练的操作过程体现出理论性、实践性、隐形性、复杂性、偶然性，因此，散打训练对教练员的综合思维能力具有很高要求。

由于散打训练理论知识多样、训练内容烦琐、训练实施复杂，对于教练员来说，提高运动员竞技能力，进行科学的控制，树立正确训练理念显得尤为重要。散打的训练理念建立在人体机能工作规律、散打的运动规律、竞技训练规律的基础之上，经历了反复实践。如果教练员没有树立正确的训练理念，那么庞杂的训练内容就会显得一团糟，就会导致训练思路十分模糊。

二、散打运动训练新理念的内容

散打运动训练新理念的内容具体如下（图 5-2）：

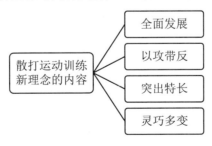

图 5-2　散打运动训练新理念的内容

（一）全面发展

散打运动员奠定坚实基础和提高整体实力，就要在训练中做到全面发展。坚实基础能为运动员提高竞技水平提供各种条件，而整体实力则是运动员的运动竞技能力。散打运动员在比赛中击摔交加、挥拳摆腿、比智比勇，比赛的结果肯定是运动员实力的综合体现。人体运动功能系统具有的各项竞技能力，训练储备的程度越高，则整体实力越强。

第一，散打运动员在训练中储备的竞技能力要素的数量与教练员理论的广度有关。教练员认识的理论范围越广，就有越多的训练内容可供选择。如果教练员理论水平低，训练内容无法满足运动员提高的需要，那么运动员就不会有发展与提高。教练员对每一个组成要素的原理、功能认识得越深刻，那么就越能在训练中准确把握，运动员的训练质量就越高。所以，散打运动员训练的数量与质量组成了竞技能力要素，也是反映运动员整体实力的两个重要方面。领会竞技能力组成要素数量和质量的相互关系时，可以用运动训练的"水桶理论"来论证。运动员竞技能力组成要素的数量就像是木桶中木板的数量，木板数量越多水桶的容量就越大。而运动员竞技能力组成要素的质量就好比每块木板的高度，只要其中一块木板高度过短，那么水就会溢出来，水平面只能达到短板的高度，这说明，教练员必须重视运动员竞技能力的组成要素，不仅要注重训练的次数，还要注重训练的质量，这样才能提高运动员的实力。

第二，散打比赛中，智能是技能的指挥系统。智能是隐形的，各种要素表现得不如技能那样直观，不容易描述，所以运动员智能训练是一项较为薄弱的环节。对于运动员的注意力、洞察力、记忆力等表现，教练员可借鉴的案例不是很多，这就更需要教练员在训练中不断发现、认识、总结运动员在智能因素上的客观表现。在全面发展理念中，要加强智能理论研究，真正贯彻落实于训练中，将发展运动员的智能水平作为提高实力的突破口。

第三，技能是散打运动的操作系统。教练员通常很重视常规技法动作的训练，但容易忽视那些非常用技法动作的训练。常用和非常用技法动作是训练中大家总结出来的，而不是客观事物的必然结果。某种意义上而言，任何技法动作只要多加练习，在比赛中多加使用，就会成为常用技法。常用技法有两方面特点，一是动作合理，熟练性高，运用成功率高；二是比赛中多次使用。如果把所有散打技法加以练习和运用，不但能够提升整体实力，而且能够最大限度地扩大技法使用空间。因此，技能训练要在整体上练习所有技法。

第四，体能是技能的物质系统。通常教练员注重速度、力量、耐力的训练，不太重视柔韧和灵敏训练。散打比赛中，如果想击中、摔倒对方，除了选择合理的技法外，动作必须力量大、速度快，还需出色的耐力。因此，训练中教练员往往会安排大量的时间和高负荷来发展速度、力量和耐力。然而，柔韧素质和灵敏素质也是很重要的，这两项素质不好会直接影响到身体的协调性与平衡性，动作笨拙、僵硬。特别是一些高位技法动作，对柔韧性要求很高，柔韧性较差的运动员做这些动作是很难达到效果的，甚至会影响身体的平衡。因此，在散打训练中，柔韧性和灵敏性训练也同等重要。

第五，运动员的心能是智能、技能、体能的调节系统。虽然大家已经注意到了心理素质对运动员的重要性，但在训练中落实时依旧会感到困惑。究其原因，就是对心能具有的调节作用认识得不够。运动员的心能包括情感和意志，在训练或比赛中，如果运动员的意志和情感出现波动，则会对智能的表现、技能的选择与运用体能的操作产生消极影响。由于心能可以释放出能量，所以可采用多种手段来调动运动员的意志和情感，保证心能向正确的方向调节，确保运动员正常发挥。

第六，散打运动贯彻全面发展理念，要正确对待运动员竞技能力要素"互为补偿"的现象。比赛中，"互为补偿"的情况是客观存在的，如运动员速度快，动作灵活，依靠灵巧的技巧和快速的移动就能弥补力量不足的弱点。又如，运动员根据双方竞技能力要素的优劣，扬长避短地制订出相应的方案。事实来说，"互为补偿"与"全面发展"并不矛盾，运动员要全面发展，相应地也会提高"互为补偿"的水平。

第七，在训练中，与全面发展理念相悖的情况时有发生，主要表现有注重培养力量型运动员，忽视技巧的存在，过于依赖力量，认为只要打重拳、下狠腿，才能取得优势。有的注重培养技巧型的运动员，而忽视力量的存在，认为多击中对方，如果技法打不到对方，那么力量再大也无济于事。因此，要遵循全面发展的理念，既重视力量又重视技巧，如果运动员技巧和力量都有提高，那么比赛中自然会有进步。

散打训练中，"缺什么补什么""什么差练什么"不仅是贯彻全面发展理念的有效方法，还是检验运动员全面发展的评价标准。"缺什么补什么"

是针对竞技能力组成要素的数量而言的，散打运动员的智能、技能、体能、心能中，每个结构都有各自的要素，每一个要素又包括很多内容，对照这些内容逐一检查，如果发现哪些内容没有涉及，就要在训练课中进行安排。

"什么差练什么"是针对运动员竞技能力组成要素的质量而言的，组成要素的质量具有相对性和可变性。相对性是指与其他运动员对比或者与自己相比，哪些方面有欠缺，就要加强该方面的训练。可变性是指训练后，之前掌握不好的内容得到了提高，甚至超过了其他掌握好的内容，这样之前掌握好的内容就成为掌握不好的内容，又要加强这方面的训练。在散打训练中，可以在相对性和可变性的训练过程中不断得到提高与升华。运动员水平持续提高的过程，就是一个全面发展、循序渐进、逐步完善的过程。

（二）以攻带反

以攻带反是根据人体机能工作规律、散打运动活动规律、竞技能力训练规律提出理念，它既体现出技法的先进性，又发挥出以难带易的训练作用，还能促进竞技能力快速提高。无论训练情况何等复杂，只要抓住事物的主要矛盾，问题就会随之解决，以攻带反的训练理念就很好地抓住了问题的主要矛盾。

在技法的使用上，按动作时间的先后顺序和作用性质来区分，主要有进攻、防守和反击三种形式。比赛中，率先发出动作击打对手称之为进攻；面对对方进攻，为不被对方击中而采取的化解动作称为防守；根据对方进攻的技法采取相应动作进行还击，称之为防守反击或反击。以攻带反理念中，"攻"即主动进攻，"反"即防守反击，训练中要以主动进攻的技战术为核心，兼顾防守反击的技战术练习。为了在比赛中有好的表现，结合对手情况，既可以主动进攻，也可以防守反击。

散打技法的三种表现形式，对其进行比较，主动进攻最难，反击次之，防守相对最容易。因为在运动员对峙过程中，在双方距离较远，注意力高度集中，警觉度高的条件下，如果想击中对方，对运动员技能要素都有很高的要求，而且只要进攻未果，对方就很容易进行防守和反击，因为进攻动作是对方进行防守或反击的依据，进攻已经暴露了目标，为防守或反击提供了方便。

当一方发出进攻动作后，双方就改变了对峙状态。双方的间隔距离缩短，已进入到直接攻击的范围，注意和思维更加明确，从警觉状态转移到动作使用状态。拳法和腿法的运用都有一个过程，这个过程从时间和空间上为完成反击动作留有了余地。可通过观察和思维进行正确判断，再针对性地采取行动。虽然这个过程的时间很短暂，但因为进攻是主动的，所以能做得到。如果对手发出进攻动作，防守比反击更容易，只进行闪躲、阻挡、退让就可以实现。这就是防守比进攻容易的原理。

从我国职业散打运动员运用的技术和掌握技术的发展过程来看，可分为初级、中级、高级的表现形式。初级表现是运动员不顾客观效果，盲目地使用技术动作；中级表现是以防守反击为主，兼顾主动进攻；高级表现是主动进攻并兼顾防守反击，在进攻和反击中都能有效击中对方。散打运动员的技术发展总围绕着以防守反击为基础，向主动进攻为主的方向转变。然而，这个过程十分漫长，从量变到质变。

究其原因，在主动进攻的训练中，如何能够击中、摔倒对方，需要从感性认识上升到理性认识，并付诸辛苦的努力。首先进攻技术涉及人体机能工作规律、运动项目活动规律、竞技能力训练规律，对人的要求很高。教练员对主动进攻中击打、摔倒对方规律的理性认识有多深，运动员训练的科学程度就有多高；运动员训练的科学程度越高，比赛中主动进攻击中、摔倒对方的成功率就会越高。其次是主动进攻技术的掌握难度很大，每一次运动员完成进攻动作，对竞技能力的综合运用要求很高，一项环节的不成熟都会直接影响主动进攻的质量和效果。

散打技法的进攻、防守、反击既是矛盾的对立也是矛盾的统一，三者间是相互依赖、相辅相成的，尤其是防守和反击是完全依赖于进攻的。每回合对战中，如果运动员的进攻直接击中或打倒对方，那么就不存在防守和反击，只有进攻未果情况下，对方才有防守反击的机会。从上述规律中可以得出结论，提高运动员主动进攻的能力是散打训练的主要矛盾。解决进攻这个问题，防守和反击的训练就相对容易了。因此，提高运动员主动进攻的成功率是训练的永恒主题。

以攻带反的训练理念不仅体现技法的先进性，更重要的对运动员竞技能力的组成要素具有提纲挈领作用，促进全面发展。因为要想在比赛中通过主动进攻击倒对手，对于运动员竞技能力组成要素的综合性要求很高。在智能训练上，观察对方的距离是否进入到攻击范围内，观察对方姿势状态的薄弱环节，寻找恰当时机，始终观察对方的企图，思考本方选择的技法，作出动作时，通过记忆从"武器库"中调取所需要的动作，动作作出后判断对方会怎么回击等，都需要通过智能训练来完成。

第一，从运动员的技能方面而言，每个技术动作都要做到精益求精，特别是预备法，头部做到中正安舒，不能抬头也不能低头，脚尖的角度要正对对方，如果前脚尖过度内扣、后脚尖过度外摆，就作出了鞭腿动作的前兆，等于提前暴露了本方的意图，就会使自己的进攻动作很难击中对方。另外，运用技法如果想有效击中、打倒对方，在时机、技法、部位的选择和运用上、击打的技术动作上，都不能有任何瑕疵，要做到无懈可击，而且动作必须达到条件反射自动化的程度才会达到效果。

第二，从运动员的体能方面而言，"快打慢""重打轻"是动作的基本规律。因此，散打的体能训练中，对位移速度、反应速度、绝对力量、速度力量都有很高的要求。因为，发出动作的时机非常短暂，时机出现之时进攻动作必须到位，否则就无法击中对手甚至被对方反击击中。绝对力量在摔法中具有重要作用，如果力量大、技术熟练就能突破对方防摔、反摔的极限，将对方摔倒在地。速度力量在拳法、腿法中发挥十分重要的作用，击中对方必须达到力量要求才能得分。击中的力量越大，具有的威慑力就越大，不但能打击对方的心理，瓦解对方的意志，甚至可以直接让对方受伤，直接获胜。

第三，从运动员的心能方面而言，首先，运动员的内心必须要坚定。面对强敌，如果优柔寡断，不敢出手，信心不足，想进攻又惧怕对方反击，就会影响本方进攻的质量。坚定信心是按照进攻的章法坚决出击。主动进攻技术掌握得越好，动作质量就越高，成功率就会提升，运动员的信心自然会越强。其次，运动员要形成主动进攻的意识，具有强大的进攻欲望，又有发动进攻的能力。最后，运动员在进攻中要有百折不挠、矢志不渝的精神，以顽强的意志品质追求每一次进攻的成功。

（三）突出特长

突出特长是在全面发展、以攻带反的基础上，结合队伍的实际情况和运动员的个人特征，培养拿手绝招的训练理念。所谓拿手绝招，是指运动员的某个动作技能或组合技能运用得非常娴熟，在实战中能给本方带来帮助并有较高成功率的技法。由于散打中各项技法动作对运动员机能要求的侧重点各有不同，运动员对技法的认知水平不同，有各自的使用习惯，在训练中各种技法的比重也不一样，所以运动员掌握各种技法的能力是不同的。发现、培养，突出个人特长，对于取得比赛的胜利具有重要作用。

突出特长的训练理念在内容上有两方面：一方面是形成本队的特长；另一方面各个运动员形成个人特长。不管是本队特长还是个人特长都是相对而言的，本队特长一方面是和其他队进行比较；另一方面是对本队运动员竞技能力各要素的掌握情况进行比较。个人特长的比较对象可以与其他队同级别运动员进行比较，还有就是自己与本队队友竞技能力各种要素掌握的程度进行比较。通过比较之后，就能发现本队或者本队的某个运动员有什么长处了。找到长处后，加强练习，发扬光大，就能发展为拿手绝招。

本队特长和个人特长具有多样性和可变性的特点。可变性是随着运动员能力上的提高，对方运动员的破解能力也会提高，自己的特长技术也要随之改善与革新。例如，接腿摔技法中，能否接住对方的腿法是前提，在对方的腿法速度和力量都一般的情况下，既容易接腿也容易连接摔法。运动员提高训练水平后，腿法速度加快、力量加大，接腿动作出了偏差就容易给自己弄伤，因此要必须加强接腿判断力的训练。此外，还必须改进化解和缓冲对方运动员腿法力量的技术，如果接腿时机和技术运用不适当调整，接腿摔的特长技术就无法使用。

多样性是指运动员要掌握不止一项的特长技术。因为本队和个人的特长技术一旦使用后就会被对手进行研究和分析，通过之后的比赛后就会了解，找出对付的办法，并进行训练。如果不扩大特长技术范围，之后比赛中特长技术的威力就会大大减小。所以运动队和运动员的特长技术要不断地巩固与更新。培养特长技术以年度为周期，当一次重大比赛结束后，要立刻根据本次比赛的情况进行综合分析和预测，制订下一年计划时要周密考虑技术特长培养的新方案。

针对同一种姿势状态，当对方了解本方特长后，就会加强防守和反击。在这样的情况下，可以培养其他不同的技术进行攻击，攻其不备，达到得分的目的。比如将接腿摔、转身后踢腿迎击和变身躲闪反击发展为破解鞭腿技法的特长技术，对手就很难防范了。

对本队特长的培养，教练员要有预见性。所谓预见性就是利用大型比赛的契机，对所有运动队员进行技术特点分析，对运动员使用技法中存在的问题进行剖析，然后针对性地提出相克的行动方案。准确地预见和判断并制定对策后，在训练中有意识地进行培养，以便于在实战中去实践。散打的技术发展一直存在着正负两方面的表现与特征，而且会持续很长一段时间，这段时间就是技术发展的"适应期"，在这段适应期内，准确地抓住运动员正负两方面的表现与特征，预见性地提出行动方案，然后进行针对性的训练。

个人特长的训练依据两方面实情来确定。一个方面是依据运动员个人竞技能力组成要素所体现的天赋，运动员竞技能力的组成要素有很多内容，因为运动员身体机能发展具有差异性，对不同技法的感知能力不同，所以每个运动员的竞技能力组成要素发展是不平衡的。比如在竞技能力上，有人绝对力量足，有人速度力量好，有人擅长拳法，有人踢技好，有人摔法出色，等等。教练员将运动员的天赋利用起来，针对性地训练成专长，使其发展到极致，从而形成个人的绝招。

在全面发展理念基础上，力量素质优秀的运动员可培养力量型打法，耐力优秀的运动员可培养主动进攻加组合连击的打法，心智优秀的运动员可培养多点进攻的打法，矮小灵活的运动员可培养近战打法，身材高大的运动员可培养远战打法。有些运动员因为天赋，对某一个动作或几个动作有很强的感知能力，一学就会。每个优秀运动员都有自己的特长，所以在散打训练中，教练员要因势利导，针对性地采取各种措施，不断练习、巩固、熟练、完善，使个人特长发扬光大。

本队特长和个人特长都需要长期训练后才会形成，运动员形成特长的决定因素是教练员对散打运动员竞技能力组成要素的认识程度，对散打技术发展趋势的预测，对其他运动员分析，对本队运动员的了解，教练员的训练指导等。突出特长理念在训练全面发展、以攻带反的训练有机结合，在一个训练周期中，有时以全面发展训练为主，有时以攻带反训练为主，有时以突出特长训练为主。虽然训练的侧重点不同，但不同理念之间绝对不是彼此分开的，各种训练要做到相互促进、有机结合。如今，我国散打运动员技术水平普遍提高，实力更加接近，竞争愈发激烈，各队普遍掌握各种技法，如果还进行程序化的训练，面对新形势、新情况无法产生新方案、新方法，不能培养运动员的技术特长，就无法取得好成绩。

（四）灵巧多变

灵巧多变是在进行全面发展、以攻带反、突出特长的训练之后，体现散打运动的最佳状态和运动员取得最佳成绩的训练理念，该理念不仅仅是为了运动员能获得胜利，更重要的是站在宏观角度，使散打运动体现出博大精深的技术内涵，使散打运动项目具有鲜明的风格与特点，这个训练理念涉及运动员如何充分体现散打运动模式的基本原理与制定散打竞赛规则的基本原理，散打运动的文化内涵等。因此，灵巧多变的训练理念对散打运动的继承和发展意义重大。

散打是我国人民数千年以来在生产斗争、社会生活的实践中，以传统文化为理论基础，以人体格斗为核心内容，通过不断探索积累演变而成，形成了独特的中国式技击技术体系、理论体系，具有浓厚的人文精神。技术体系以踢、打、摔为主干，近用拳，远用腿，贴身用摔法，在对抗的不同空间都有相应的办法。理论体系以相生相克的技法原理为主，各种拳法、腿法和摔法之间存在相生相克的关系，充分反映出唯物辩证法的规律。人文精神以儒家思想为主，人体格斗技术突出"以巧制力"。

灵巧多变作为散打运动的技术体系、理论体系和人文精神，通过运动员的比赛行为能反映出散打项目的最高境界。散打技术体系中的技术动作为散打技术的灵活多变提供了广阔的空间和丰富的手段。理论体系中相生相克的原理，为散打运动状态的灵活多变提供了技法操作的基本思想。人文精神中的"以巧制力"，为散打技术思想指明了发展方向，使暴力、野蛮的表现形式，通过技巧使用的升华达到艺术的境地，这既能保证运动员的安全与健康，又能令观众赏心悦目。

中国式人体格斗的技击技术体系、理论体系和人文精神，充分体现在散打的运动规则中。散打运动竞赛规则规定运动员的头、躯干、下肢都是有效得分部位，踢、打、摔等方法均可使用。散打竞赛规则为了使人体格斗技法动作攻击目标的时间与空间，技法动作相互作用的时间与空间达到极致。散打竞赛规则的这些规定，为全面、真实地反映中国式人体格斗丰富多彩的技击内容，为运动员体现出独特的中国式人体格斗提供客观条件。

人体格斗技法攻击目标的时间与空间，体现在身体的不同部位上。散打技击理论把人体攻击目标分为三个部分，"头部为上盘、躯干为中盘、下肢为下盘"。"三盘"理论一方面指出攻击人体的各个部位有不同的专用技法，指出了不同的技法攻击与不同攻击目标的对应关系；另一方面指出不同技法与不同攻击目标之间具有辩证关系，运动员在掌握各种技法后，出现相应的时机后，才能做到上、中、下不同攻击点的交叉进攻。"三盘"理论充分体现了丰富多彩的散打技法理论，还体现出多元化的散打技法攻击目标。

不同攻击目标与相应的不同攻击技法，从时间和空间的角度来分析，拳法攻击对方的"上盘"和腿法攻击对方的"下盘"的动作抵达时间是最快的，腿法攻击对方的"中盘"动作抵达时间次之，攻击对方的"上盘"动作抵达时间是最慢的。但是，运动员如果采用固定的技法，攻击对方相同的部位，容易被对方摸透和防范。如果运动员对上、中、下三个攻击目标，采用不同的技法轮番攻击，技法和攻击点的不断变化，就能让对方防不胜防。

人体格斗技法动作相互作用的时间与空间，表现为技法相生相克的对应关系。不同的拳法、腿法、摔法间都可以相互克制，不同种类技法之间也可以相生相克。灵巧多变就是利用不同动作技法之间存在的时间差、距离差、重心差、力量差、支点差、力矩差、惯性差、轨迹差等，结合技术的时间、空间原理和相生相克原理，进行借力破力、借力打力，借用双方的合力，以最小的消耗达到最大的作用，最高境界是"引进落空""四两拨千斤"。

运动员技法运用得越准确，动作间相生相克的对应关系越合理，那么表现出的技术效果就越巧妙。比赛中，运动员寻找战机、制造战机、利用战机、内动抢攻、小动迎击、大动打反击、真假虚实，不断体现出随机而动、见机而发、机不可失、时不再来，高度契合灵巧多变的理念。所谓"以巧制力""以巧制快""以巧取胜"，不但反映出散打运动本身具有的最佳技术状态，体现出技术运用的合理性和有效性。事实证明，灵巧多变的手段是比赛取得好成绩的必要砝码。

运动员灵巧多变的使用技法表现在三个方面：一是攻击目标的变化，散打运动的攻击目标有头部、躯干、下肢三个部位，运动员可对这三个部位的目标轮番进攻；二是使用技法的变化，运动员掌握的技法要富有变化，尤其是要全面掌握腿法和摔法，直线型和弧线型的腿法要运用自如，摔法应对不同的拳法和腿法都能进行破解；三是战术使用的变化，散打的战术形式以主动进攻为主，无论是多点、佯攻、迂回、强攻、直攻、重创等战术都要熟练掌握并运用。

人体格斗的攻击武器是四肢。预备姿势习惯于左脚在前、右脚在后的运动员，平时以左预备姿势进行训练，长期训练后右边的冲拳、鞭腿和左蹬腿相对来说就能熟练运用，反之亦然。但比赛中经常出现适合右脚在前的进攻时机，由于平时缺乏右脚在前的进攻练习，因此很难发出攻击动作，即使强行发力攻击也不会形成威胁。这种情况是自己限制了自己的进攻，自己禁锢了自己的"武器"，既不能做到在任何情况下都可以发出攻击动作，又体现不出灵活多变的技术风格。因此，平时训练左、右预备姿势发出动作的能力需要同步增长。

灵巧多变理念体现出对散打运动的状态、运动员使用技术的结果的描述与评价。这种形容和评价看起来十分抽象，其实涉及灵活、巧妙、多变这三方面的内容，这三方面内容相互关联，但所指的内容主体并不相同。灵活主要是运动员在不同运动状态下表现出的敏感性；巧妙主要是指合理运用各种技法；多变主要是指技法变化的范围和频率。灵巧多变理念对运动员竞技能力的综合性提出了较高要求，从智能上而言，观察力、注意力、思维力、记忆力、想象力都要达到合适的程度。从技能上而言，时机、技法、部位的选择，内动抢攻、小动迎击、大动反击的具体实施必须要到位。从体能上来讲，各项身体素质的发挥都要为技能的运用提供充足保证。从心理上而言，勇敢顽强、沉着冷静、意志坚定、不急不躁等基本意志品质，通过人体格斗训练和竞赛才能获得。

从上面的分析和阐述能够看出，灵巧多变理念不仅只是为了表现出散打运动的技术风格，更重要的是将灵巧多变作为达到最高境界的一个训练目标。按照目标管理的训练理论，灵巧多变不仅是技法训练的一项内容，更是一种孜孜不倦的追求。由于中国散打技术体系、理论体系、人文精神具有丰富内涵，训练目标中，取得竞赛的名次显然是远远不够的。将灵巧多变的具体内容作为追求的发展目标，有利于提高运动员训练的积极性和主动性。运动员在技法运用上做到了灵巧多变，那么技术水平达到最高层次、比赛成绩处于顶峰就是事物发展的必然结果了。

第三节　散打运动技术标准化发展

"散打运动是对抗性很强的竞技体育项目，为了达到最佳克敌制胜效果，应用现代科学原理对散打动作技术分析、诊断，揭示其动作原理，提出合理化训练方法已是大势所趋"。[①]近年来，为了推动散打运动的发展和提高运动员水平，相关机构需要致力于将散打的技术标准化。散打技术标

---

① 黎荣. 散打动作技术的运动生物力学分析[J]. 搏击（武术科学），2013（7）：53.

准化的发展主要包括以下方面。

一、技术规范的制定

相关机构，例如散打协会和专业教练团队在散打技术标准化的发展过程中，可以制定一系列详细的技术规范，以确保散打运动员的技术能力得到明确和系统的定义，使其能够按照规范进行训练和比赛，这些技术规范主要包括以下方面。

第一，基本动作：散打运动员需要掌握一系列基本动作，如站立姿势、步法、移动技巧等，这些基本动作奠定了技术的基础，使运动员能够稳定地控制身体姿势和平衡，并能够有效地进行攻防。

第二，进攻技术：散打强调全面的攻击技术，包括拳击、踢腿、肘击、膝击等。针对不同的攻击部位和角度，制定相应的进攻技术规范，以确保运动员的技术动作准确、快速和有效。

第三，防守技术：散打同样注重防守技术的规范化。规定各种防守动作，如闪避、格挡、拆招等，以及相应的防守姿势和应对策略。通过标准化的防守技术，运动员可以有效地保护自己，并寻找机会进行反击。

第四，踢腿技术：踢腿是散打的重要组成部分，也是一项技术要求较高的技能。针对不同的踢腿动作，如直踢、侧踢、膝踢等，制定了相应的技术规范，包括腿部动作、力量的发挥和目标的选择等。

上述技术规范不仅明确了散打运动员的技术要求，而且系统化地整合了各种技术要素，帮助运动员全面提高自己的技术水平。运动员可以根据这些规范进行系统的训练和反复的技术练习，以提高动作的准确性、力量的输出和战术的灵活性。此外，相关机构还应定期进行技术规范的修订和更新，以适应运动发展的需求和趋势，相关人员需要根据实践经验、科学研究和专家意见，不断完善技术规范，以确保其与时俱进，并为运动员提供更高水平的指导和培训。

二、程序化的训练方法

为了提高散打运动员的技术水平，相关机构需要制定一系列科学而系统的训练方法和计划，这些方法旨在全面提高运动员的力量、速度、反应能力和战术意识，从而使他们在比赛中表现出色，这些程序化的训练方法包括以下方面。

第一，基本功的练习：散打强调基本功的重要性，包括体能训练、柔韧性训练、核心力量训练等。通过系统的基本功练习，运动员可以增强身体素质，提高爆发力、耐力和灵活性，为后续的技术训练奠定坚实的基础。

第二，技术动作的拆解与组合：针对不同的技术动作，散打训练方法将其拆解成各个关键步骤，并通过反复训练和细致地指导，使运动员逐步掌握技术的要领和细节。随着技术动作的熟练掌握，运动员将学会将这些动作组合起来形成连贯的攻防流程，提高技术的流畅性和实战性。

第三，对抗训练：对抗训练是散打训练中的重要环节，旨在培养运动员的实战能力和战术意识。通过与其他运动员进行实际对抗，运动员可以在真实的环境中应对各种情况，提高应变能力和决策能力。对抗训练还有助于锻炼运动员的耐心、毅力和心理素质，使其在比赛中保持冷静和应对压力。

第四，训练计划的制定：为了系统化和有针对性地进行训练，制定详细的训练计划，这些计划考虑了不同阶段和不同层次运动员的需求，包括技术训练、体能训练、对抗训练等各个方面。训练计划通常包括每日、每周和每月的训练安排，确保运动员在有限的时间内得到最大程度的提高。

通过这些科学而系统的训练方法和计划，散打运动员可以全面提高自己的技术水平。他们将逐步掌握散打的基本功和技术动作，增强身体素质，培养实战能力，并具备灵活的战术意识。这些训练方法的应用将使散打运动员在比赛中更具竞争力，并为散打运动的发展和推广作出积极贡献。

三、裁判标准的规范化

为确保散打比赛的公平性和规范性，需要对裁判标准进行规范化，以确保比赛结果的客观性和公正性，这一规范化的措施包括以下方面。

第一，裁判规则的明确制定：制定详细而明确的裁判规则，规定比赛中各种情况下的判罚标准和程序，这些规则包括比赛时间、比赛区域、技术动作的有效性等方面，确保裁判员在比赛中有明确的依据进行裁决。

第二，评分标准的规范化：制定统一的评分标准，以便裁判员对比赛进行准确的评分，这些评分标准涵盖了比赛中的攻击技术、防守技术、动作的准确性、力量的输出等方面。裁判员根据这些标准对运动员的表现进行评分，确保评分的客观性和一致性。

第三，裁判员的培训和认证：对裁判员进行培训和认证，确保他们具备执法比赛的必要知识和技能。裁判员接受培训，学习裁判规则、评分标准以及判罚的准确性和公正性。通过考试合格后，他们才有资格执法比赛，这样可以保证裁判员具备专业水平，并能够根据规则和标准进行公正的裁决。

通过裁判标准的规范化，散打比赛的裁判工作更加规范和专业，确保了比赛的公正性和准确性。运动员和观众可以信任裁判员的判罚，比赛结果更具公信力。同时，这也为裁判员提供了明确的执法依据，增强了他们在比赛中的自信心和专业性。

四、竞赛体系的建立

为了促进散打运动员之间的交流与竞争，并提高运动员的水平，需要建立一系列完善的竞赛体系，包括地区性、全国性和国际性的比赛，这些比赛为散打运动员提供了展示自己技术实力的舞台，也为技术标准化的发展提供了实践和检验的平台。竞赛体系的建立具有以下方面的意义。

第一，交流与竞争：散打比赛为运动员之间的交流和竞争提供了机会。运动员可以在比赛中观摩和学习其他优秀选手的技术，与他们切磋交流，促进技术的提高和进步。通过与其他选手的竞争，运动员能够不断挑战自我，提升自己的实力和竞技水平。

第二，提高运动员水平：竞赛体系的建立促使散打运动员不断努力提高自己的技术水平。参加比赛不仅可以锻炼运动员的技术技能，还能培养他们的心理素质和比赛经验。通过与顶级选手的交锋和挑战，运动员能够不断提升自己的能力和战斗力。

第三，技术标准化的实践与检验：比赛是技术标准化发展的实践和检验平台。在比赛中，运动员需要按照规定的技术标准进行表现和评判，这对技术规范的落地和实施起到了重要作用。比赛中的技术表现和评分结果可以反馈给散打协会和专业教练团队，进一步完善和优化技术标准，推动技术的不断提高和标准化发展。

通过建立完善的竞赛体系，散打运动员有机会在各级比赛中展示自己的实力和才华，同时也为观众提供了观赏比赛的机会。这种竞赛体系的运作促进了散打运动的发展和推广，推动了技术标准化的进一步发展，并为培养和选拔优秀的散打选手奠定了基础。

五、教练员培训与认证

了培养更多的专业散打教练员，需要开展散打教练员培训和认证工作。

通过培训，教练员可以了解最新的散打技术标准和教学方法，提高自身的教学水平，为运动员提供更好的指导和培养。散打教练员培训和认证工作的重要性体现在以下方面。

第一，更新教练员知识与技能：散打技术和教学方法不断发展和进步，因此，散打教练员需要不断更新自己的知识和技能。通过培训，教练员可以了解最新的散打技术标准和教学理念，学习先进的训练方法和战术策略。这使得教练员能够跟上时代的潮流，将最新的教学理念和技术指导运用到实际教学中。

第二，提高教练员的教学水平：散打教练员培训旨在提高教练员的教学水平。培训课程通常包括理论知识的学习、实践经验的分享和教学技巧的训练。通过系统的培训，教练员可以掌握更有效的教学方法，了解运动员的心理特点和训练需求，提供个性化的指导和培养。这有助于提高运动员的学习效果和训练效果，进一步提升整体的散打水平。

第三，为运动员提供更好的指导和培养：散打教练员是运动员成长和发展的重要支持者和指导者。通过接受专业的教练员培训，教练员可以更好地理解散打运动员的特点和需求，并能够制定针对性的训练计划和教学方案。他们能够提供个性化的技术指导、战术策略和心理辅导，帮助运动员克服困难、突破瓶颈，提高竞技表现和比赛成绩。

第四，通过散打教练员培训和认证工作，能够培养出更多专业、素质优秀的教练员队伍，这将为散打运动的发展提供强大的支撑力量，推动散打技术标准化的发展，并培养更多具有实力和潜力的散打选手。同时，这也为广大散打爱好者提供了更好的教学资源和指导，推动散打运动在广大群众中的普及和推广。

总而言之，散打技术标准化的发展旨在提高运动员的水平、确保比赛的公平性，并促进散打运动的普及和推广。这将有助于散打在国内外的发展，使其成为更加受人认可和喜爱的搏击运动之一。

参 考 文 献

[1] 陈猛醒. 散打运动理论新探与技能培养研究[M]. 北京：中国书籍出版社，2018.

[2] 陈鹏，陈英. 我国武术散打软实力研究[J]. 体育文化导刊，2017（12）：72-76.

[3] 樊贤进. 全身震动训练对离心运动诱导的延迟性肌肉酸痛影响[J]. 天津体育学院学报，2013，28（5）：456-460.

[4] 范铜钢，郭玉成. 竞技武术散打技术标准化研究[J]. 首都体育学院学报，2016，28（6）：512-517，523.

[5] 何一粟，杨声伟，李洪玉. 散打运动员视觉信息加工的眼动研究[J]. 心理与行为研究，2016，14（6）：755-759.

[6] 姜飞，黎桂华，罗应景，等. 武术散打项目的专项特征及其训练应用研究[J]. 武汉体育学院学报，2022，56（1）：71-77.

[7] 姜玉兴，刘振忠. 健全人格教育与武术散打教学[J]. 河北师范大学学报（教育科学版），2014，16（4）：138-140.

[8] 金玉柱. 我国女子散打发展研究[J]. 体育文化导刊，2012（4）：51-54.

[9] 黎荣. 散打动作技术的运动生物力学分析[J]. 搏击（武术科学），2013（7）：53.

[10] 李佳翼. 散打运动员大强度训练后 NK、NKT 细胞变化的研究[J]. 山东体育科技，2016，38（3）：60-62.

[11] 李良库. 散打运动员的膳食营养需求分析[J]. 中国食品，2022（18）：149-151.

[12] 李信厚. 武术散打运动异化现象治理新思考[J]. 上海体育学院学报，2022，46（5）：97-104.

[13] 李忠京. 中国传统武术技击对抗模式的异化与回归[J]. 中国体育科技，2013，49（2）：65-68.

[14] 林益波. 试论武术散打的可持续发展[J]. 体育文化导刊，2013（8）：120-123.

[15] 刘存忠. 武术散打鞭腿动作二次发力特征剖析[J]. 成都体育学院学报，

2014，40（3）：65-68．

[16] 刘凤虎，王美娟，韩跃刚．基于 SWOT-AHP 模型的我国武术散打发展战略研究[J]．中国体育科技，2016，52（3）：27-34．

[17] 刘松．间歇训练法在散打训练中的应用探析[J]．武术研究，2017，2（9）：29．

[18] 柳茵，李娜，熊玮，等．利用头颈有限元模型研究散打运动中颈椎韧带损伤的风险[J]．医用生物力学，2017，32（1）：38-45．

[19] 马勇志．散打运动教程[M]．北京：北京体育大学出版社，2018．

[20] 毛浓选．中国武术散打职业化：现状、问题及路径[J]．西安体育学院学报，2017，34（5）：584-589．

[21] 潘兴昌，胡要娟，谷瑞增，等．补充小麦肽对预防散打运动员发生过度训练的作用[J]．中国运动医学杂志，2015，34（2）：170-174．

[22] 曲会林．我国武术散打的生成逻辑与学理审思[J]．北京体育大学学报，2022，45（7）：123-133．

[23] 孙文芳，王斌，郭冬冬，等．优秀散打运动员先行线索加工优势研究[J]．首都体育学院学报，2021，33（3）：268-275．

[24] 孙永武，丁兰英，徐诚堂．散打[M]．福州：福建科学技术出版社，2013．

[25] 缇娜．济南散打的进阶之路[J]．走向世界，2023（3）：38．

[26] 王岗，刘帅兵．中国武术师徒传承与学院教育的差异性比较[J]．武汉体育学院学报，2013，47（4）：55-61．

[27] 王聚龙，刘存忠，王宏．优秀散打运动员下肢关节等速肌力特征研究[J]．武汉体育学院学报，2019，53（1）：92-97．

[28] 王聚龙．优秀散打运动员心脏泵血功能对模拟比赛情景的应答变化特征[J]．广州体育学院学报，2016，36（2）：100-103，107．

[29] 薛亮，尤帮孟，霍兴华．女子散打运动员男性化技战术与专项体能相结合训练模式探讨[J]．成都体育学院学报，2010，36（12）：49-52．

[30] 杨道宁．再议武术散打发展战略[J]．广州体育学院学报，2010，30（6）：104-108．

[31] 叶伟．散打运动训练理论与实践[M]．北京：人民体育出版社，2004．

[32] 阴晓林，赵光圣．散打运动员力量耐力和速度耐力评价的实验研究[J]．山东体育科技，2013，35（1）：69-71．

[33] 翟磊. 现代散打技法解析与训练研究[M]. 北京：中国书籍出版社，2017.

[34] 张冬琴，许昌勇，杜俊凯，等. 我国优秀男子散打运动员身体功能训练研究[J]. 体育学刊，2021，28（2）：131-137.

[35] 赵洪朋. 专项知觉训练对散打初学者知觉预测影响的研究[J]. 沈阳体育学院学报，2016，35（2）：6-11.